幻の東京オリンピック

1940年大会　招致から返上まで

橋本一夫

講談社学術文庫

目次

幻の東京オリンピック

第一章　オリンピックを東京に　市長永田秀次郎の夢……9
1　紀元二千六百年を記念して　9
2　腰の重い体育協会　20
3　ロサンゼルスの青い空　32
4　満州国は参加できるのか　45
5　ムソリーニの好意　56
6　オスロ総会の舞台裏　68
第二章　招致実現に向けて　ヒトラーも協力……79
1　ベルリン大会を前に　79
2　ＩＯＣ会長の変心　91
3　東京招致に成功　102
4　ナチス・オリンピック　115
5　日本選手団騒動　128

第三章　戦火ただようなかで　問題山積の開催準備……141
1　難航した組織委員会の発足　141
2　テレビ中継をめざして　152
3　メインスタジアムはどこに　165
4　日中戦争勃発　178
5　対立と苦悩の組織委員会　190
6　四面楚歌のカイロ総会　201
第四章　オリンピックの火は消えた　ついに大会を返上……217
1　雄大な聖火リレー計画　217
2　着工できない競技場　228
3　東京大会ボイコットへ　238
4　国策に敗れたオリンピック　248
5　空白の祝祭　262

学術文庫版のあとがき……274
主要参考・引用文献……279

幻の東京オリンピック

1940年大会　招致から返上まで

第一章　オリンピックを東京に　市長永田秀次郎の夢

1　紀元二千六百年を記念して

震災からの復興

一九三〇（昭和五）年五月三十日。

第十四代東京市長として白羽の矢を立てられた永田《ながた》秀次郎《ひでじろう》は、この日、市長就任を快諾した。

東京市長の選出方法は当時、東京市会の投票で決定する「間接選挙」の形態をとっていたが、その選挙で最多票を獲得した永田は、市長就任を要請に訪れた柳沢市会議長らに対し正式に受諾を回答したのである。「青嵐《せいらん》」の俳号を持ち、俳人としても有名だった永田秀次郎は、たまたま歯痛のために頬をはらしていたが、「こんなふくれっ面で写真に撮られるのは市民にあいすまぬから、適当に修整してくれ」とカメラマンに冗談を飛ばしながら、「今度は二度目のおつとめだから、がんばるよ。久しぶりに太田《おおた》道灌《どうかん》と徳川家康《とくがわいえやす》に会えるね」と、

当時の東京市役所

持ち前のゆったりとした口調で、上機嫌に記者団に語りかけた。

広壮な赤煉瓦造りの東京市役所は、玄関を入るとすぐ二階に通じる大階段があり、踊り場付近には向かって右側に太田道灌、左側に徳川家康、と江戸建設の祖二人のブロンズ像が佇立《ちょりつ》していた。六年ぶりに市長に返り咲いた永田は、その武者像とふたたび対面できることを言ったのである。

その日の午後、麴町区有楽町二丁目の東京市役所にさっそく登庁した永田は、事務引き継ぎや宮内省訪問、明治神宮参拝などをすませたあと、本所横網町の陸軍被服廠《ひふくしょう》跡に建立中の震災記念堂に車を走らせ、生花を手向けて関東大震災の犠牲者の霊を弔った。

東京は梅雨が間近だというのによく晴れていた。都心に櫛比《しっぴ》する真新しいビル群は、ガラス窓に初夏の陽光が反射して美しく輝いている。まぶしそうに眼を細めていた車中の永田に、七年前の悲惨な光景が卒然とよみがえった。

――一九二三（大正十二）年九月一日午前十一時五十八分。

大物市長の評判が高かった後藤新平《ごとうしんぺい》の後任として第八代東京市長に就任していた永田秀次

郎は、市長室で市会議員の一人と談笑中、にわかに天井のシャンデリアが大ゆれに揺れはじめた。マグニチュード七・九の関東大震災の発生である。

東京市役所は倒壊や延焼をまぬがれたが、首都東京は激震による家屋倒壊のほか、各所で発生した火事の被害も加わり、壊滅的な打撃を受けた。とくに惨鼻をきわめたのは本所・深川地区の避難場所となった陸軍被服廠跡地で、旋風をともなう猛火に包まれて約四万人が焼死する。永田は、混乱がおさまるとただちに土地区画整理、街路整備など復興計画の立案、事業化に没頭したが、大震災から一年後の一九二四年九月、市電気局長人事をめぐる東京市会との対立であっさり辞任する。

しかし、永田がレールを敷いた首都機能回復のための大規模な復旧事業は、その後も急速かつ着実に進められた。

オリンピック開催を打ち出した東京市長永田秀次郎

関東大震災から七年後、廃墟から立ち上がった東京では、一九三〇年三月二十四日から帝都復興祭が盛大に催され、日中は花電車の行進や祝賀の旗行列、夜間は提灯行列の波で埋まった。そして復興祭から二ヵ月後、〝震災市長〟永田秀次郎は、今度は再興なった首都東京の舵《かじ》取り役として、ふたたび首長の座に復帰したのである。

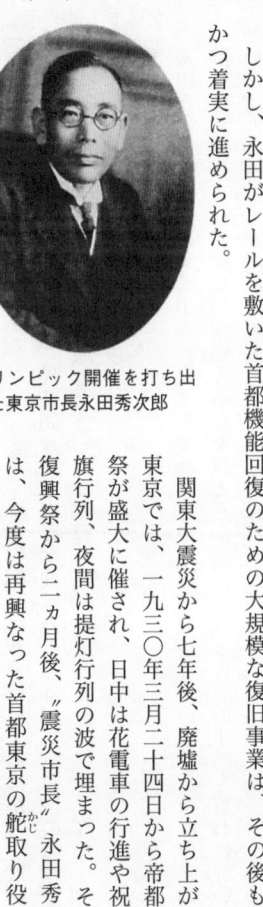

五月三十一日付『東京日日新聞』（現毎日新聞）社説は、「（財政再建など）難問題の重なり合ってゐる市政の現状を知り抜いてゐながら、敢然としてその衝に当ってくれる（永田）氏の如き人を市長に迎へたことは、東京市民の喜びでなければならぬ」と永田の再任を歓迎した。それは大勢の東京市民の共通の感情でもあった。

風流人・永田秀次郎

永田秀次郎は当時のエリート官僚としては異色の存在であった。いったんは市会との対立で辞任した東京市長の座に再度迎えられたほどだから、よほど行政的手腕を買われていたらしいが、人間的にも味のある風流人として知られていた。

一八七六（明治九）年、淡路島の名家の次男に生まれ、三高（現京大教養学部）を卒業して判検事登用試験、高等文官試験などにあい次いで合格したが、生家の強い要望で大学進学をあきらめ郷里に帰る。学園騒動でもめていた地元中学校の校長に二十六歳の若さで抜擢されたあと官界入りし、大分県視学官をふり出しに、熊本、岩手などの内務部長、警察部長や三重県知事を歴任した。なかでも京都府警察部長時代には、大正天皇の即位の大礼の警護を見事に果たし、やがて政治家後藤新平の知遇を得て高級官僚への道を突っ走ることになる。

その半面、永田は前述のように「青嵐」と号する俳人でもあった。俳句に親しんだのは三高時代からで、処女作は「旅僧の笠一つ行く青田かな」。句歴は五十年にもおよび、俳句雑誌『ホトトギス』の常連でもあった。講演の名手としても知られ、東京中央放送局のラジオ放送にもしばしば出演していた。

「夕やみ迫る神宮球場、カラスが一羽、二羽、三羽……」の野球放送で全国をわかせたラジオ時代初期の名アナウンサー松内則三《まつうちのりぞう》が、雑誌『放送文化』（一九五〇年三月号）の座談会でこう回顧している。

「永田青嵐は演説の名人となっているが、名人決して自分の芸をおろそかにしていない。絶えずいろいろと調子を変えて稽古していたようでした。また、原稿の中に予算などで三百万円という数字があると、そこに注意書きがついていて、わざわざ三十万円と言い、そして『アッ、違いました。三十万円どころのさわぎではない。これは三百万円です』という。それが原稿に書いてある」

かつて、ある有名なアナウンサーからこんな話を聞いたことがある。

「ニュース原稿などを読む場合、立て板に水のように流暢にやると、かえって印象に残らないことがある。だから、ときには故意に間違えたふりをして読み直したり、言葉をつかえたりすることも必要だ。そのほうが聴取者はオヤと聞き耳を立ててくれるものだ」

アナウンサーによっては、こうした読み方に異論を唱える向きがあるかもしれないが、永田はまさにこれと同種の話法で名声を博していたことになる。

たいへんな釣り好きでもあった。風格も独特で、後藤新平が「のびたウドンのようだ」と評し、『東京人物史観』（一九三七年三月発行）では「茫洋《ぼうよう》たる態度で、霞を透して富士を観る様……」と月旦《げったん》されている。これらがないまぜとなって、永田秀次郎は名物市長として人気を得ていくのである。

紀元二千六百年事業として

しかし、永田が東京市長として再登場した一九三〇年という年は、日本の社会が急激に不安定さを増幅させていた時期でもあった。

前年の一九二九（昭和四）年十月二十四日、ニューヨークのウォール街を襲った株式市場の大暴落はまたたく間に世界恐慌にまで発展し、日本経済を直撃する。大量の人員整理で失業者があふれ、全国的にストライキや小作争議が頻発した。その一方で、チャンバラ映画や軽妙なコメディー、レビューダンスの「カジノ・フォーリー」が大衆の人気を集め、「エロ・グロ・ナンセンス」が流行語となっていた。

政治も緊迫の度を増していた。ロンドンの海軍軍縮交渉で締結された日本の補助艦艇対米総括比率六九・七五パーセントをめぐって、浜口《はまぐち》内閣と海軍軍令部との対立が激化し、東京駅で右翼に狙撃された首相浜口雄幸《おさち》は、それがもとで翌年死去する。満州では、二年前に張作霖《ちょうさくりん》爆殺事件を起こした関東軍が、ひきつづき謀略活動を強化しようとしていた。

だが、首都東京は貧困と不安と戦争へのひそやかな足音のなかで、たとえ外見だけにせよ大震災の痛手から回復したことに浮かれ立ち、ひとときの祝賀気分にひたっているようにみえた。

「それにしても……」

広い市長室の椅子に腰を沈めながら、東京市長永田秀次郎は胸奥で独語した。

〈帝都復興祭の次が問題だ。紀元二千六百年の記念事業として東京市が何をやるかだ〉

紀元二千六百年とは『日本書紀』に基づく日本建国の年（紀元）から二千六百年ということで、その年にあたる一九四〇（昭和十五）年には挙国体制での祝賀が予定されていた。

〈とりわけて東京では、日本の首都にふさわしい大規模な慶祝行事が要求される。暗くなりがちな世相を吹き飛ばすためにも、人びとがわき立つような催物がやれないものか〉

紀元二千六百年記念事業を模索する永田に、「オリンピックはどうでしょうか」と提案した東京市秘書課員がいた。清水照男《しみずてるお》である。

スポーツ好きの清水は、一九二八（昭和三）年の第九回アムステルダム・オリンピックで日本人初の金メダリストとなった織田《おだ》幹雄《みきお》や森田《もりた》俊彦《としひこ》ら当時の代表的陸上マンとも面識があり、四年に一度開かれる「国際スポーツの祭典」にも以前から関心を持っていた。

清水は、オリンピックの開催地がヨーロッパに偏在してアジアではまだ開かれていないこと、日本選手も今後は相当な活躍が期待されることなどを熱っぽく説明し、言葉を続けた。

「オリンピックを東京で開催し、世界中の青年に日本の本当の姿を見せることは有意義だと思います」

「それはいい」と永田は即座に賛意を表し、何度も同感のうなずきを繰り返した。

その前年、一九二九年八月から十二月にかけて、永田はシベリア経由で世界一周旅行をし、ソ連、ドイツ、イタリア、米国などを歴訪した。どの国でも痛感したのは、「外国人がいかに日本および日本人を知らないか」ということであった。「フジヤマ、ゲイシャだけではない真の日本を外国人に認識させることが東西友好の促進には不可欠」と永田は心中に決意し、諸外国での見聞をつづった自著『高所より観る』の終章にこう述べている。

「日本は貧弱である、併《しか》し乍《なが》ら、東洋文明の代表者として、地理的にも、人種的にも、重大なる使命を有して居《お》る。今日東西の文化を融合して、世界人類の凡《すべ》てに貢献すべき、絶好の境遇と才幹とを有して居《い》るものは、何としても我国の外には無い」

オリンピックを東京で開き、何千人という外国人が来てくれれば、日本理解の促進につながり、東西文化の交流にも大いに役立つ。これこそが世界人類へのすばらしい貢献である。しかも、実現すれば紀元二千六百年記念事業の最大の目玉になり得る。

こうして第十四代東京市長永田秀次郎は、アジア初のオリンピックを東京で開催するという壮大な構想を抱いたのである。

しかし、昭和初期の日本では東京オリンピックは夢物語でしかなかった。仮に誰かが「オリンピックを東京で」と提唱しても、可能かどうかまるで見当もつかなかった。

招致に動いた早稲田大学教授山本忠興

もう一人のキーマン

永田のほかにもう一人、オリンピックの東京招致を思いついた人物がいた。早稲田大学教授、工学博士山本忠興《やまもとただおき》である。温厚なクリスチャンだった山本は、わが国の電気工学界の権威で、テレビ研究の草分け的存在でもあった。当時のテレビはまだ実用化のめどが立っていなかったが、この将来性豊かな電子機器に眼をつけるような人物だったがゆえに、オリンピックの東京招致という「奇抜な着想」を胸中に芽生えさせたのかもしれない。

早大競走部長を兼任していた山本忠興は、広島から早大に進学した織田幹雄を通じて陸上競技の知識を修得する。一九二八年には日本学生陸上競技連合の初代会長に就任し、同年の第九回アムステルダム・オリンピックでは日本代表選手団の団長を務めている。

スポーツ後進国だった日本はこの大会でようやく世界との格差が縮小し、三段跳び優勝の織田幹雄をはじめ、陸上女子八百メートルで人見《ひとみ》絹枝《きぬえ》が二位、競泳の二百メートル平泳ぎでは鶴田《つるた》義行《よしゆき》が金メダルを獲得した。気をよくした山本はいつしかオリンピックの東京招致を夢想するようになる。

一九二九年秋、東京で国際動力会議が開かれ、電気工学の大家で国際陸上競技連盟会長、IOC（国際オリンピック委員会）委員のジークフリード・エドストロームがスウェーデンから来日した。

エドストロームは滞京中の十月十七日、東京・有楽町の電気倶楽部で「国際オリムピック競技について」（当時はこのようにオリムピックと表記するのが一般的であった）と題する講演を行い、同じ電気工学の研究者として旧知の間柄にある山本忠興とも懇談した。

席上、山本は電気とは無関係の質問を発する。

「エドストロームさん、いつかは日本でもオリンピックを開催できる可能性があるだろうか」

のちに第四代IOC会長も務めるこの国際スポーツ界の大御所は、あたりさわりのない一般論で答えた。

「不可能ではないだろう。が、そのためには、オリンピック開催を希望する都市がIOCに名乗りをあげることが必要だ」

半分はエドストロームの社交辞令だったのかもしれないが、山本にしてみれば、否定的な反応が返ってこなかっただけに、前途に一条の光明を見出したような思いであった。

招致の可能性を打診

翌一九三〇年六月十日、山本忠興総監督、森田俊彦監督以下ヨーロッパ遠征の日本学生陸上チームは、出発に先立ち東京市長永田秀次郎を訪問した。

一行は、ダルムシュタット（ドイツ）で開かれる第四回国際学生陸上競技選手権に出場するのが主目的だったが、たまたま東京とベルリンの両都市間で、この機会に対抗競技会を行う計画がまとまった。山本らは、両市の対抗戦に贈られる永田市長のメッセージと、桜の花をちりばめた銀杯を受領するために東京市役所の門をくぐったのである。

市長室で行われた贈呈式のあと、永田は「お願いがあるのだが」と山本に話しかけた。

「私は紀元二千六百年の記念行事として、東京で第十二回オリンピック大会を開きたいと考えている。ヨーロッパに行かれたら、その可能性があるかどうかを打診してきてくれませんか」

山本に「否や」はなかった。それどころか、八ヵ月前、エドストロームに相談をもちかけた時はまだ将来のことと予測していたオリンピック招致が、にわかに現実味を帯びてきたような気がして、思わず胸を躍らせていた。

六月十八日、東京駅を出発した学生チームは貧乏旅行を強いられた。派遣資金は十分確保できず、旅費にもこと欠く有様だった。選手たちは国際学生陸上に出場する前に各地を転戦して親善競技会を行い、その入場料収入を旅費や滞在費に充当せねばならなかった。

ソ連横断の長旅を終え、フィンランドから客船でスウェーデン入りした一行は、七月二十六日、ストックホルムから列車で二時間ほどの工場町ヴェストロスに向かった。この町で北欧有数の電機会社アセアを経営しているエドストロームを表敬訪問するためである。

工場見学をすませた山本忠興は、エドストロームとの懇談会の席上、あらためてオリンピック東京招致の可能性の有無をたずねた。

「東京の難点はヨーロッパから遠すぎることだ。だが、それは競技施設を充実し、各国の理解を深めることで克服できるだろう」

長身を瀟洒《しょうしゃ》な服装で包んだエドストロームは、日焼けした日本選手たちと握手をかわしながら、そう言って破顔した。


学生選手を統率して国際学生陸上などに出場後、山本忠興は再びシベリア鉄道経由で九月中旬に帰国した。それから間もなく山本は永田を訪問し、報告する。

「紀元二千六百年記念の東京オリンピックは、努力しだいでは実現の見込みがあります！」

ふだんは茫洋とした態度で、「のびたウドンのよう」と評されていた東京市長永田秀次郎の双眸《そうぼう》が、このときばかりは眼鏡の奥で決意を秘めてキラリと光った。

2　腰の重い体育協会

冷淡な日本スポーツ界

オリンピック招致をめぐる東京市長永田秀次郎、早大教授山本忠興の水面下の動きは、やがて新聞記者の察知するところとなり、一九三〇年十二月四日付『時事新報』は「万国オリムピック　昭和十五年に東京で」との見出しで、次のように報道した。

「来る昭和十五年は神武天皇御即位あらせられてから紀元まさに二千六百年に当るので、同年は国を挙げて盛大な記念式を挙行して世界に輝く皇統連綿の誇りを高らかに祝ひ寿《ことほ》ぐ筈であるが、この国家的大記念祭の盛儀に意義ある光彩を添へるため、之《これ》を機会として万国オリムピック大会を我が日本で開催を希望する議が起り、永田東京市長は、数日前この件につき我がスポーツ界の元老山本忠興博士を招き、具体的な事情を聴取した結果、非常に乗気になり、場合によっては東京市長の名で大会の招待を主唱してもよいと明言した。

万国オリムピック大会は明後年米国ロスアンゼルスで第十回の大会が開催され、その次の第十一回は多分伯林（ベルリン）で行はれ、次の第十二回が即ち昭和十五年に相当するのであるが、目下之が大会の開催地は未定で、各国とも競争的に大会開催地の奪ひ合ひの形である。わが競技界も既に世界的レベルに達し、然《しか》も建国二千六百年祭に当りこの万国オリムピック大会を開催することは意義更に深きものがあり……」

だが、永田や山本の「オリンピック招致構想」に対し、日本のスポーツ界の反応はきわめて冷淡かつ消極的であった。

オリンピック招致に慎重だった第2代体協会長岸清一

岸清一の没後その私財をもとに建設された岸記念体育会館（東京・お茶の水）

最初にクレームをつけたのは、嘉納治五郎《かのうじごろう》のあとを継いで大日本体育協会（現・日本スポーツ協会）の第二代会長に就任していた岸清一《きしせいいち》である。日本スポーツ界発展の功労者の一人で、「岸記念体育会館」（岸の没後、その遺志で寄付された私財八十万円をもとに東京・お茶の水に建設。後に渋谷区神南に移転）に名を残している岸清一だが、このときは、丸の内の岸事務所を訪れた山本忠興が、体協もオリンピック招致に乗り出すように勧めて辞去すると、「そんなことはできっこない。あの男は気でも狂ったんじゃないかね」と不機嫌そうにつぶやいた。ＩＯＣ委員にも名をつらね、一九二四（大正十三）年の第八回パリ・オリンピックに日本選手団長として参加した岸清一は、立ちおくれている日本スポーツ界の実情からみて、オリンピックの開催は時期尚早と判断したのである。

著名な弁護士でプライドも高かった岸は、新聞記者を「新聞屋」と呼んで寄せつけず、したがってオリンピック招致問題についても、自身の所論が新聞などに掲載されることはなかった。が、体協主事で側近の高島文雄《たかしまふみお》が体協機関誌『アスレチックス』（一九三一年三月号）に掲載した小論「日本に於てオリンピックを開催し得るや」で、その考え方はおおむね推知することができる。

岸と同様に弁護士でもあった高島は、このなかで「（東京オリンピックが）出来さへすればこれを喜ぶに何人にも後れを取らぬ私であるけれども、その可能性に就いては私は多大の不安を抱いてゐるのである」と述べ、その理由として、「東京はヨーロッパから遠隔の地にあり、ＩＯＣが開催都市を決定する場合、この地理的事情が重大な障害となるおそれがある。競技場はともかくとして、多数の外国人観光客を受け入れるための宿泊施設が不足している。大会開催のためには、英語、ドイツ語、フランス語などの通訳が大勢必要だが、日本では外国語に堪能な人材が少く、その確保がきわめて困難である」ことなどを列記している。

またヨーロッパ諸国と比較して、「日本は、最初から多大のハンディキャップを負はされて居て、開催地の指定を受くるがための競争上、甚《はなは》だ不利益なばかりでなく、仮りに日本が指定されたる場合を想像するに、その主催者たる責任に当る者の苦しみ、また絶望的心情は如何ばかりであらう。私はこの問題を考へる人は、必ず自ら国際オリンピック大会の主催者としての責任を自ら取りたる場合を先づ考へて戴《いただ》きたいと思ふのである」と述べ、「東京オリンピック構想」は、スポーツ界の実情を知らない一部政治家などが気まぐれに発意した無責任きわまる「打ち上げ花火」とでもいわんばかりの筆調で、きびしく批判している。

会長岸清一をはじめ当時の体協関係者にしてみれば、オリンピックに直接責任のない徒輩が自分たちの頭越しにやったという反感があっただろうし、また官学系の岸としては、永田はともかく私学系の山本に出し抜かれたとの思いから、より反発心を強くしたのかもしれない。岸は、永田東京市長が電話で協力を要請しても、「そんなバカなことはできません」とけんもほろろの態度で、取りつく島がなかった。

岸清一を説得

困惑した永田は、朝日新聞社副社長の下村宏《しもむらひろし》（海南）に岸の説得を依頼した。後年、体協会長、日本放送協会会長などを歴任し、太平洋戦争末期に鈴木貫太郎内閣の情報局総裁も務めた下村は、佐佐木信綱《ささきのぶつな》門下の歌人としても有名であり、永田とは歌道を通して親交があったのである。


この下村にかわいがられ、終戦時には下村の秘書官として日本降伏の混乱劇にも直面した元読売新聞記者川本信正《かわもとのぶまさ》は、『証言の昭和史３・紀元は二六〇〇年』にこう記述している。

「下村氏は岸氏の性格をよく知っているので、まず嘉納（治五郎）氏と相談した。嘉納氏は東京オリンピック計画に、即座に賛成し、下村氏と二人で岸氏を説得しようということになった。

明けて昭和六年一月の末、下村氏が岸、嘉納両氏を築地の料亭に招いて懇談した。はたして岸氏はオリンピック招致に反対した。時期尚早だというのである。下村氏は得意の弁舌で、オリンピック開催のメリットをまくし立て、嘉納氏がこれに相槌を打った。

高ぶっていた岸氏の感情も、夜がふけるとともに鎮静してきた。『では、やってみるか』と、岸氏が腰を上げたときは、十一時を過ぎていたという。後年、下村氏から明かされた話である」

岸はきかぬ気の人で容易に自説を曲げなかったが、先輩の嘉納治五郎と体協創立以来の知友下村宏の二人に窮追され、ついに同調せざるを得なかったのだろう。この三者協議の時期が川本の記述どおり一九三一（昭和六）年一月末とすると、『アスレチックス』に掲載された「高島論文」はおそらくそれ以前に執筆、脱稿されたものと思われる。

だが、岸が「やってみるか」と言ったあとも、大日本体育協会の招致運動はかなりの期間、積極的には展開されなかった。そのあたりの事情について、東京オリンピックの開催決定直後、体協理事郷隆《ごうたかし》（のちの東京オリンピック組織委員会競技部長）が雑誌『新装』一九三六年九月号）の座談会でこんな発言をしている。前述の「高島論文」の論旨と一部重複しているが、当時の体協サイドの考え方を知るうえで参考にはなる。

「東京招致運動の経過を歴史的に見ますと、よくオリムピックを知らない、責任のない人々が真っ先に東京招致に乗出してゐる……オリムピックの如何なるものかを能《よ》く知って居り、また日本で開かれる暁には最も重大な責任ある地位に立つべき人々は、何としても神輿《みこし》を上げ得なかった。

だからオリムピックが東京に来ると決って見れば、招致の功績の大部分は、さういった当面の責任のない人々に持って行かれる訳ですな……体協など、打ち明けた話ですが、あまり先走ったり、熱心にやらなかった。来ることは無論結構だけれども、開くに当っては非常な困難が数々横たはってゐるし、果して各国に較べて遜色のない程度に出来るかどうか、自分自身責任がありますから非常に疑懼《ぎく》の念を有《も》って居った。したがって出足が渋る」

この発言をみても、招致運動の初期、東京市長永田秀次郎らの計画が体協関係者からいかに白眼視されていたかがわかる。

東京市主動で正式スタート

オリンピック開催地の決定方法は、当時も現在と大きな差異はない。開催希望都市はIOCに招致申請書を提出し、そのなかからIOC委員の投票で選定される。開催地が決定すると、IOCはその都市が属する国のNOC（国内オリンピック委員会）に大会の開催を委任し、NOCはその任務を大会組織委員会に委託する。つまりオリンピックの開催希望都市とその国のNOCは車の両輪のような役割をになっており、密接な相互協力が不可欠である。が、「紀元二千六百年」の東京オリンピックの場合、NOCにあたる大日本体育協会（戦前は体協がＮＯＣを兼ねていた。戦後、体協内にＪＯＣ＝日本オリンピック委員会が設立され、現在、ＪＯＣは独立した組織となっている）と東京市は、前述のようにぎくしゃくした関係で招致運動をスタートさせていた。

　この確執は長く尾を引き、東京オリンピックの開催決定後も何かと対立を生みだす遠因となるのである。

　ともあれ、日本スポーツ界の実力者岸清一の了解を取りつけたことで、招致運動は具体化の第一歩を踏み出すことになり、一九三一年十月二十八日、東京市会議員寺部《てらべ》頼助《よりすけ》、松永東《まつながとう》ら五人は、「紀元二千六百年を記念し、かつ、帝都繁栄の一助ともするため、第十二回オリンピック大会を東京市に招致する」ことを求める建議案を市会に提出した。

　東京市会はこの建議案を満場一致で可決し、東京市が主動してオリンピック招致運動を展開することが正式に決定する。

　これに基づき東京市長永田秀次郎は、十一月二十七日、東京會舘に体協会長岸清一、副会長平沼亮三《ひらぬまりょうぞう》らを招待して懇談会を開き、オリンピック招致への協力を要請した。これに対し、岸はそり身のポーズで顔を上に向けながら、「（東京オリンピックの）実現は容易なことではないので、東京市としても十分な覚悟をもって当たってほしい」と、安易な楽観論を戒めている。

　岸清一は、会議の席などでは、いつも顔を上に向けて話す個癖があった。「半世紀もの長

日本に好意を寄せたIOC委員ジークフリード・エドストローム

期間、弁護士として法廷に立ち、下から上を向いて裁判官に陳述してきたのだから、その習慣が身についたのだろう」と解説する友人もいたが、こうした性癖も手伝ってともすれば傲岸にみえる岸も、招致運動の前途多難を推察したためか、懇談会では慎重かつ控え目な姿勢に終始した。

永田に「オリンピック招致の夢」を吹き込んだ東京市秘書課員清水照男にも大役がまわってきた。欧米各国を歴訪して東京オリンピック開催計画への理解促進をはかれ、というのである。

東京市会議員らで構成され、市政執行にも強大な影響力を持っていた東京市参事会では、「清水のようなチンピラが出かけても物の役に立たぬ」と反対意見が強かったが、この若くて元気のいい秘書課員が気に入っていた永田は、「これから本格化する招致運動の〝露払い役〟として派遣するのだ」と説明して、清水の海外出張を了承させたという。

一九三二(昭和七)年五月七日、単身出発した清水照男はシベリア鉄道経由でヘルシンキ入りし、生まれて初めて飛行機に搭乗してストックホルムに向かったが、エンジン不調のため途中の小島に不時着するアクシデントに見舞われる。やっとの思いでスウェーデンに到着し、市長永田秀次郎のメッセージと山本忠興の紹介状、自腹を切って購入した日本人形を携えて、エドストロームの邸宅を訪ねた。ストックホルムでは日本大使館が取り合ってくれなかったため、自分で電話を入れて面会の約束をとりつけ、翌日、シルクハットにモーニング姿でヴェストロスの駅に降り立つと、エドストロームが二頭立ての豪華な馬車で迎えにきていて、清水をあわてさせる。

エドストロームはあい変わらず東京までの距離の遠さを指摘しながらも、アジアでのオリンピック開催に理解を示し、何よりも東京市長秘書がはるばると極東から来訪したことを大いに喜んだ。

清水はその後米国に渡ったが、ロサンゼルス・オリンピックに参集した各国IOC委員らを日本側が招待してレセプションを催したとき、エドストロームは末席に座っていた清水を指さして、「わざわざ私に会いにきてくれたトウキョウの使者だ」と列席者に紹介する。小柄な清水は、全員に自分の姿がよく見えるようにと靴をはいたまま椅子に乗って立ち上がり、居並ぶIOC委員や米国代表たちの拍手に応えねばならなかった。

「オリンピック大会の意義」

ロサンゼルス大会の開会式を二日後にひかえた七月二十八日、東京市会は「国際オリムピック競技大会に関する実行委員会」の設置を決議する。

この席で市長永田秀次郎は、「オリムピック大会のことは一スポーツの事業に過ぎないようなものでありますけれども、その包含するところの意義は、まことに深遠なものがあると考えられます……第十二回のオリムピック大会開催の年が、あたかも紀元二千六百年に相当しているということは、これまた自然に符合したるところの極めて意義ある年になることと存じます」とあいさつした。

〝講演の名手〟永田が説いた「その包含するところの意義」は、東京市がIOCに提出した第十二回オリンピック大会の正式招請状に詳述されている。これは、七月十二日、IOCロサンゼルス総会に出席のため渡米するIOC委員嘉納治五郎に託したものである。

「東京市長たる余は、ここに東京市及東京市民を代表し国際オリムピック委員諸位に対し来る千九百四十年の第十二回オリムピック大会を我が日本に於て開き、その開催地として東京が選ばれんことの最も懇篤なる招請を致す……余等は千九百四十年を熱心に待望する。その年には、第十二回オリムピック大会を挙行するの栄誉と愉快が許さるべく、その大会をして近代競技史上の顕著なる事実たらしむることを得よう。而して同時に余等は、それに依り日本帝国建国二千六百年を記念してオリムピック運動に特別の寄与を為さんと欲する。

若《も》し東京が千九百四十年のオリムピック都市と決定さるるならば、東京市はその大会をして大なる成功を納めしむべく充分なる責務を尽し、盛大なる偉業たらしむべく努力を惜まざることを期する、望むらくはオリムピックの炬火《きょか》をして東洋に向はしめよ。而して人類の幸福のために相互の一層親密なる接触に依りて国民間の理解を増進し、益々《ますます》純潔なる、益々熱

心なる、益々勇敢なる友交を来さしめよ」（原文は英文、訳文は『東京市公報』第二七三八号による）

東京市で一九四〇年にオリンピックを開催することは、西洋文化のなかから誕生したオリンピックの理念が東洋にも普及するだけでなく、建国以来二千六百年の歴史を誇る日本文化の真髄に接触することで、大会は新たな飛躍を遂げることができる、と永田は考えた。その意味で、紀元二千六百年つまり一九四〇年は「自然に符合したるところの極めて意義ある年」であった。国家主義的歴史観に基づく「紀元二千六百年」と、国際性、平和性を理念として追求するオリンピックは、本来的に相反する性格を内包していたが、永田にとってこの両者はいささかも矛盾するものではなかったのである。

東京オリンピックの招致運動は、しかし、市長永田秀次郎をはじめ東京市関係者が熱望したほどには、なかなか挙国一致的な燃え上がりをみせなかった。

一例を記すと、永田市長の協力要請を受けた外相内田《うちだ》康哉《やすや》は、七月二十七日、米、英、フランス、ドイツなど欧米諸国を中心とする在外公館三十四ヵ所にオリンピック招致運動への協力を下命する。だが、それは、東京市にしてみれば何ともまだるっこい内容であった。

「（オリムピックの東京開催は）東京市其他各方面ノ熱心ナル希望ノミナラズ、本邦事情紹介ノ好機会トモナリ之ガ実現ノ望マシキコト勿論《もちろん》ノ儀ナルモ、大日本体育協会側ニ於テハ『オリムピック大会』ガ其ノ性質上政府ト関係ナキ建前トナリ居リ本件モ協会ヨリ直接政府側ノ積極的運動ヲ別段期待シ居ラザル空気モアルニ付、右事情御含ミノ上本件ガ話題ニ上リタル際等ニハ、之ニ協力声援ヲ与フル程度ニテ可然《しかるべく》御取計相成度シ」

たしかにオリンピックは国家が主催するものではないが、競技施設の建設などに巨費を要する大会が一都市のみの力で開催できるはずはない。このため、最近の大会のように商業主義的な財源確保が考えられなかった当時としては、大なり小なり国の援助が不可欠であった。また、効果的な招致活動を進めるうえで、各国に対する在外公館の働きかけもきわめて重要であった。にもかかわらず、この外務省通達は当時の体協の消極姿勢を反映して、いわば「適当にやっておけ」式のお座なりともいえる文面となっていたのである。

3　ロサンゼルスの青い空

満州事変、五・一五事件の直後に

一九三二年七月三十日から十六日間開かれた第十回オリンピック・ロサンゼルス大会は、日本にとって「画期的」なスポーツの祭典となった。というのは、オリンピックが初めて日本の外交政策と関連づけられて意図的に利用されたことであり、もうひとつは、日本が競泳や陸上などで好成績をあげ、「スポーツ一等国」に躍進したことである。

ロサンゼルス大会が外交政策的に利用されたのは、日本を取り巻く国際情勢の緊迫化が影響していた。

大会開幕の十ヵ月前、一九三一年九月十八日、関東軍は奉天《ほうてん》（現瀋陽）郊外の柳条湖《りゅうじょうこ》で南満州鉄道線路を爆破し、満州事変が勃発した。翌年一月、戦火は中国本土に飛び、上海事変が起こる。日本陸軍の企図は、この事変により国際的な関心を上海に集中させ、その間に満州国の独立達成を狙ったものといわれ、三月一日には清朝の旧皇帝溥儀《ふぎ》を執政とする満州国の独立が宣言された。

1932年ロサンゼルス・オリンピックの日本選手団入場行進

しかし、満州問題は米国など国際世論の反発を買い、一九三三年二月二十四日の国際連盟総会は「満州国建国」を否認したリットン報告書に基づく対日勧告案を、賛成四十二、反対一（日本）、棄権一（シャム＝タイ）の圧倒的多数で採択した。これに拒絶反応を示した日本は三月二十七日、国際連盟を脱退し国際的孤立の道を盲進することになる。

国内ではテロ事件が続発し、一九三二年五月十五日、海軍急進派将校は白昼首相官邸を襲い、首相犬養《いぬかい》毅《つよし》を射殺した。五・一五事件である。欧米諸国は、この事件も日本の軍国主義化を加速するものとして警戒の念をいっそう増進させた。

こうした情勢下、日本は、ロサンゼルス大会の陸上、水泳、ボート、馬術、ボクシング、レスリング、ホッケー、体操、芸術の九競技に合計百九十二人（選手百三十一人、役員六十一人）の派遣を決定する。前回、アムステルダム大会の五十六人（選手四十三人、役員十三人）の三倍余にのぼり、開催国の米国に次ぐ大選手団であった。

日本外交史が専門の池井優《いけいまさる》は、日本がロサンゼルスに大選手団を送り込んだ意図を次の三点に要約している。

一、満州事変以来悪化した米国の対日感情を緩和するうえで、スポーツが有効であると判断したこと。

二、カリフォルニアを中心に米国西海岸に居住する日系人への激励になると考えたこと。

三、オリンピック招致の前提としてアジアの「スポーツ王国ニッポン」を世界に印象づける必要があると考えたこと。

おおむね正鵠《せいこく》を得た指摘だが、既述の事情から推測すると、オリンピック代表選手団の編成、派遣を担当する大日本体育協会に、第三項の「招致の前提」という意識が濃厚に存在していたかどうかは、いささか疑問である。

なるほど、体協理事会はオリンピック前年の一九三一年四月一日、第十二回オリンピック大会の東京招致に努力することを決議している。だが、その決議が「何がなんでも招致しよう」という意欲横溢したものでなかったことは、ロサンゼルス大会への選手派遣に必要な補助金の交付を受けるため、体協が文部省に提出した請願書からも察知できる。この請願書では、大選手団を編成する理由が次のように記述され、オリンピック招致については片言たりとも触れられていないのである。

「我が国運動競技界最近の急速なる進展は、全世界の斉《ひと》しく驚嘆する処なり、前大会に於ける我が選手の驚異的成績に徴し、来る可き国際オリムピック大会に於ける我が選手の活躍は、各国の等しく期待する処にして、弊協会は……多数の精鋭を提げて此の世界の大舞台に正々堂々の陣を張らんとす。

而も第十回大会の開催せられんとするロサンジュレスは一衣帯水の太平洋の彼岸に在り、且我が数万の同胞が多年忍苦の努力を重ねて開拓せる地方なり。この地の利、人の和を得たる千載一遇の好機に際会し、国際親善の大目的を貫徹すると共に、我が国スポーツ界の実力を世界的に試煉するが為めに、前大会以上の多数選手役員を派遣することはスポーツ関係者は勿論、我が国民一般の衷心よりの希望なり……」

水泳、陸上、馬術でメダル

ともあれ、ロサンゼルス・オリンピックに対する国内各界の関心は異常なまでに高かった。それは選手派遣費の政府補助金がアムステルダム大会の六万円から十万円に増額された

金・銀・銅メダルを独占した日本背泳トリオ

ことと、天皇から初の「御下賜金」一万円が体協に贈られたことからも推測される。さらに東京市長永田秀次郎を会長に初めて組織されたオリンピック後援会には、全国から総額二十一万四千八百五十八円九十三銭の寄付金が集まり、米国で設立された後援会にも在留邦人を中心に約二万円が寄せられた。

　関心の高さは当然のことながら日本選手への期待の表徴でもあるわけで、二陣に分かれて横浜港から海路ロサンゼルスに向かった代表選手たちは、「メダル獲得」という重圧感にさいなまれながらオリンピックの本番に臨まねばならなかった。

　だが、いざ蓋を開けてみると、日本選手はロサンゼルスの青い空の下で予想以上の健闘を見せた。

　なかでも世界を驚嘆させたのは男子競泳である。水泳王国の米国を圧倒して六種目中五種目を制し、日本が不利とみられていた百メートル背泳ぎにいたっては、金、銀、銅メダルを独占する放れ業を演じた。陸上競技の奮戦もめざましかった。南部忠平《なんぶちゅうへい》は三段跳びで一五メートル七二の世界新記録をマークし、前回の織田幹雄に続いてオリンピック二連覇を達成。

棒高跳びでは西田修平《にしだしゅうへい》が銀メダルを獲得し、男子百メートルは「暁の超特急」の異名をとった吉岡隆徳《よしおかたかよし》が六位に入賞した。

馬術の大障害飛越競技では、陸軍中尉・男爵の西竹一《にしたけいち》がフランスから購入した名馬ウラヌス号を駆って優勝し、「バロン・ニシ」の名を一躍世界に広めた。西は一九四五（昭和二十）年三月、硫黄島守備隊の戦車連隊長として圧倒的兵力を誇る米軍を迎え撃ち、多くの部下とともに戦死する。

大障害飛越競技に優勝した西竹一とウラヌス号

大会の模様は、オリンピック史上初めてラジオの「実感放送」で日本に中継された。あまり聞き慣れない言葉だが、現場の状況をナマで伝える実況中継と異なり、スタジアムで競技を観戦したアナウンサーが終了後に現地放送局のスタジオに駆け込み、見たままを実況さながらに再現して放送するという珍妙な形式であった。

日本放送協会は当初ロサンゼルス大会の実況中継を計画し、松内則三ら三人のアナウンサーを特派した。が、米国内のオリンピック放送をめぐるNBC（ナショナル放送会社）と米オリンピック委員会の対立で実況中継が不可能となり、窮余の一策として採用したのが「実感放送」である。太平洋を越えて日本に送られた電波はだいたい良好に受信されたが、時には「ザ、ザー」という雑音が混入することもあった。だが、その雑音を波の音と勘違いする聴取者もいて、放送局には大した苦情も寄せられず、日本選手の活躍とあいまって初のオリンピック放送は大好評を博する。

新聞は写真の速報合戦を展開したが、遠距離写真電送の技術が未確立のため、撮影ずみのフィルムをいかに速く日本に輸送するかが勝負の決め手になった。『東京朝日新聞』と『東京日日新聞』は、ロサンゼルスからフィルムを積んだ客船が日本近海に接近するころを見はからって航空機を飛ばし、フィルム入り容器を船から吊り上げて新聞社まで空輸した。この方法によると、客船の横浜到着を待つのに比べて、写真入りの号外を数時間は早く発行できる。その号外に「およそ想像し得るスピードの限りを尽くす」と自画自賛的な見出しをつけて配布した新聞社もあった。

竹中正一郎の「美談」

日本選手は、競技で好成績をおさめただけでなく、優れたスポーツマンシップを発揮したとして、米国民の賞賛を集めた。

とりわけて絶賛を浴びたのは、陸上五千メートル決勝に出場した竹中正一郎《たけなかしょういちろう》である。

このレースは、優勝したラウリ・レーチネン（フィンランド）と二位ラルフ・ヒル（米）

が同タイムでゴールする大接戦だったが、最後の直線コースでスパートした地元選手ヒルの走路をレーチネンが妨害したように見えたため、会場は大騒ぎになった。

一方、レース途中で先頭から一周後れとなった竹中正一郎は、トップグループが背後に迫ったときアウトコースに出て内側の走路をあけたが、スタンドの観衆には竹中が自分を犠牲にして他の選手に有利なコースを走らせたように映った。優勝者レーチネンの「不公正」なレース態度に対比して、竹中のこの行為は「スポーツマンシップの発露」と受け取られた。疲労困憊した竹中が最後までレースを捨てずに完走したことも賞美の対象となり、スタンドの大観衆は万雷の拍手をこの小柄な日本選手に送ったのである。

『東京朝日新聞』ニューヨーク特派員によると、八月七日付米紙『ニューヨーク・タイムズ』は日本選手なかんずく竹中正一郎に最大級の賛辞を呈した。

米国民の絶賛を浴びた竹中正一郎

「日本人はただに競技において素晴らしい成績を示してゐるばかりではなく多くの友人を作りつつある。如何なる国の選手といへどもすべての競技においてあの遠慮深い丁寧なそして小さいとび色の男子に及ぶやうな好人気なものはあるまい……殊にあの小造りの竹中が五千メートルでほとんどヘトヘトになっても全コースを走り抜いた時には日本人に対するもっとも著しい好感が表せられた。もしも今度集った外国選手のうち、一番人気のあるのを投票で決めるとしたら、かのニコニコしてハードワークに甘んじた武士の子が賞品を得ることは疑ひないであらう」

同じ八月七日、米国務長官ヘンリー・スチムソンは「日本は侵略国」と批判する演説を行ったが、それも波紋を巻き起こすほどの影響はなく、オリンピックを機会に米国の対日感情は急速に好転していった。

排日運動の高まりとともに周囲の白い眼に耐えつづけてきた日系人たちは、日本選手の活躍に欣喜し、竹中のレースぶりに深い感銘を受けた。ロサンゼルス在住の少年吉村吉造は、五千メートル決勝を観戦した印象を次のように作文につづっている。

「……十周目ごろ一周以上おくれたとき、竹中君はつかれた身体を自分のコースから離れ、一等二等を争っている敵にコースをゆずりました。満場の人々はこのシーンを見て感激にうたれスタデアムはシーンとなりました。

そのうちにほかの選手は皆ゴールにはいりました。けれども竹中君はまだスタデアムを一周まわらなければなりませんでした。満場の人々は日本の竹中君がよすかと思っていました。いや竹中君はがんばりとおしラストの力を出してゴールにはいりました。

竹中君はラストでありました。けれどもスポーツマンの精神ではナンバーワンでありました……満場八万の見物人はみな立って竹中君のスポーツマンシップに拍手をおくりました。

けれども僕は竹中君のうしろ姿を見ながら泣かされました。竹中君がよく戦ってくれたと思い泣かされたのであります」

だが、当の本人にしてみればコースを明け渡した覚えはなく、結果としてそうなっただけだという。竹中正一郎は述懐する。

「スポーツマンはいかなる場合でも勝つことに全力をあげるべきで、他の選手にコースを譲ったりするのは恥ずべきことだ。私の記憶では、何周目かのコーナーにさしかかったとき、後ろから迫ってくる選手の足音が聞こえたので振り返ってみたが、そのはずみでほんの短時間、コースに沿って曲らずにまっすぐ走ったようだ。そのため瞬間的にコースが開いたので、私が先頭グループに内側を譲ったように見えたのではないか。コースを明け渡すつもりは絶対になかったし、あの『美談』には非常に迷惑した」

また、総合馬術の耐久競技に出場した陸軍中佐城戸俊三《きどしゅんぞう》は、好成績を期待されながら最後の大障害の手前で棄権したが、これも極度に疲労した愛馬をいたわったための美挙とみなされ、感動的な「動物愛護物語」として喧伝される。だが、体協発行の『第十回オリムピック大会報告書』には、「予期せぬ異様の賞賛を浴びて、独り淋しく苦笑する同選手の心情には同情に値するものがある」と記述されている。城戸は、困憊した馬がどうしても障害を飛越しないため、ゴールを目前にしてやむを得ず競技を放棄したというのが実情であった。

しかし、これらの事例が「善意の誤解」に基づくものであったにせよ、ロサンゼルス大会で見せた日本選手たちの活躍と真摯な競技態度が、多くの米国民に深い感銘を与えたことは否定できない事実であった。閉会式翌日、八月十五日、在ロサンゼルス領事佐藤敏人は外相内田康哉あてにこう打電している。

「各種競技ニ現レタル日本選手ノ奮闘ト好成績殊《こと》ニ公正ナル『スポーツマンシップ』発揚ハ、他国ニ比シテ殊ニ顕著ナリトテ一般ノ賞賛ヲ博セリ……斯《かく》テ本大会ハ満州上海事件以来ノ対日悪感情ヲ殆ト一掃シ、我国ニ対スル米国ノ敬愛ト親善ノ念ヲ著シク高メタルハ最モ大ナル収穫ナリト思考ス」

悲観的な予測

ＩＯＣロサンゼルス総会は、オリンピック開幕の二日前の七月二十八日、ロサンゼルス市庁「タワー・ルーム」で開会式をしたあと、二日間の日程で開かれた。会議二日目、嘉納治五郎は東京市長永田秀次郎の大会招請状を披露し、もう一人のＩＯＣ委員岸清一が補足説明をして、一九四〇年の第十二回オリンピック大会を東京で開催するよう提案した。

この総会では、第十二回大会の開催地は三年後のＩＯＣオスロ総会で決定することが宣言されたが、東京招致の提案に対しエドストロームらが真っ先に賛成の意向を表明している。

とはいっても、第十二回大会にはローマ（イタリア）、ヘルシンキ（フィンランド）、バルセロナ（スペイン）、ブダペスト（ハンガリー）、ダブリン（アイルランド）、アレキサンドリア（エジプト）、ブエノスアイレス（アルゼンチン）、リオデジャネイロ（ブラジル）、トロント（カナダ）の九都市がすでに開催の意思を表明しており、東京を加えた十都市による招致競争は大激戦となることが予想された。

ＩＯＣへの招請状提出とは別に、東京市は独自の招致運動を進めるため、七月十四日、寺部頼助、桑原信助《くわはらしんすけ》、笠井重治《かさいじゅうじ》ら五人の市会議員をロサンゼルスに派遣している。

一行は、第三代会長アンリ・ド・バイエ＝ラトゥール伯らＩＯＣの実力者と会談して第十二回大会の東京開催を懇請し、大会後は笠井を除く四人がヨーロッパに渡り、英国、フランス、オランダ、ドイツなどの各国を歴訪して同様趣旨の働きかけを行った。ハーバード大学出身で語学が達者だった笠井はひきつづき米国に滞留し、七月三十日から九月七日までの約一ヵ月間、ロサンゼルスを中心に三十回にものぼる講演やラジオ放送に出演、さらにサンフランシスコ、シカゴ、ニューヨークなどを巡歴して対日感情の融和と東京招致への理解を求め、ロサンゼルスから帰国の途についている。

しかし、米国内の理解はある程度得られたとしても、他の九都市に比べて立ち上がりの遅かった東京市が第十二回オリンピック大会の開催地に選出される見通しは、決して明るいものではなかった。岸清一は帰国後の九月二十九日、昭和天皇に「第十回国際オリムピック大会に就て」という演題で進講したが、そのなかで、悲観的な観測を奏上している。

「（東京以外の）九市は皆何《いず》れも十年以来の候補地であります。其中ローマが最も有力であります。同市では現に全部大理石を以て築造したる大々的の各種の競技場を殆んど完成し、ムソリーニはローマを第十二回の大会開催地たらしめんとして各国に対し熱心に運動して居ります……当年初めて候補に立ちたる東京市が此ローマを追越して競争に勝ち第十二回の大会を日本に取ることは非常なる難事であります。況《いわ》んやローマならば欧州各国は近接の土地なるに反し、東京は非常に遠隔の地なるを以て旅費の点に於て日本は欧州の諸国に対し何等かの便宜を計ることを必要とすると存じます。

或人は此度《このたび》オリムピック大会を米国ローサンジュレスに於て開きたる以上は、日本が欧州より遠距離なることは別に問題とならざるべしと論ずるも、之は欧州大戦に米国が参戦して連合軍の勝利に貢献したる論功行賞の意味が大に含まれて居りますから、米国の例を以て東京を律せんとするは無理であります」

ただし、と岸は語気を改めて付言した。

「茲《ここ》に注意を要します一件は独逸（ドイツ）の政情の変化でありまして、若しヒトラーのナチス一派が政権を握るに至らば、彼の一派は予《かね》てより国際オリムピック無用論を固執して居りますから、其場合にはローマに於て十一回国際オリムピック大会を短期の予告を以て引受くることに委員長のバイエ・ラツール伯とムソリーニとの間に黙約が在るそうです。故に此場合には日本が今日の勢を以て努力を惜まざれば案外楽々と第十二回の大会が東京に転げ込むかも分かりませぬ。併し之れ丈けの協定が両者の間に存在して居ることに留意すれば、ローマを破りて東京に第十二回の大会を持ち来ることは独逸の政変なき限りは非常に困難なりと存じます」

要するに、ヒトラーが政権を掌握し、一九三六（昭和十一）年にベルリンで開催予定の第十一回大会を返上しないかぎり、オリンピックが東京に来る見込みはまずないというのが、IOC委員であり大日本体育協会会長でもある岸清一の予測であった。

4　満州国は参加できるのか

ヒトラー政権とオリンピック

一九三三（昭和八）年一月十八日、東京市長永田秀次郎は突如辞表を提出した。市営墓地買収問題などをめぐる東京市会汚職事件に関連して、東京市第三助役ら理事者二人が東京地方検事局に召喚されたため、責任をとったのである。

永田はその三ヵ月ほど前、一九三二年十月一日、それまで十五区制だった東京市に隣接の五郡八十二町村を編入し、世田谷、渋谷、杉並、荒川など二十区を新設する「大東京構想」を実現したばかりで、いよいよオリンピック招致に本腰を入れようとする矢先のことであった。

翌十九日付『東京朝日新聞』は、「永田さんの親し味ある風貌と円満な常識は市政全体に反映し市民にも親しまれ突如としての辞職は各方面から惜しまれてゐる」と、俳人市長の突然の辞任を残念がった。その思いは永田も同様であったらしく、市庁舎を去る足取りはいかにも重そうに見えた。

永田の後任の第十五代東京市長は、人選が難航を重ねた末、五月八日の東京市会の選挙で牛塚虎太郎《うしづかとらたろう》に決定する。牛塚は岩手、群馬、宮城各県知事を歴任後、東京府知事も務めたベテランの行政マンで、市域拡張後の東京市の複雑な行政事務に取り組むとともに、永田に劣らぬ情熱でオリンピックの東京招致に全力を傾注した。

海外では――

一月三十日、ナチスの総帥アドルフ・ヒトラーがドイツ大統領ヒンデンブルクから首相に指名された。「ドイツ第三帝国」の発足である。その夜のベルリンは炬火行進の光に燃え上がり、ナチス党員や市民たちの「ハイル・ヒトラー」の大喚声に包まれた。

だが、岸清一が昭和天皇に進講したドイツの政変による「ベルリン・オリンピック返上」の期待は、空振りに終わることになる。

ドイツでは第十一回大会以前にもオリンピックを開催する計画があった。一九一六（大正五）年の第六回大会である。この大会にそなえてベルリン郊外にメインスタジアムが新設され、ドイツ皇帝臨席のもとに落成式も挙行されていたが、第一次世界大戦の突発で中止に追い込まれる。大戦後、ドイツは再度オリンピックの開催準備に着手し、一九三一年、対立候補のバルセロナ（スペイン）をくだして第十一回大会の開催地に選出された。

しかし、ユダヤ嫌いのヒトラーは、かねてからオリンピックを「ユダヤ主義に汚れた芝居」とみなし、「ナチスの国家社会主義が支配するドイツでは上演できないだろう」と非難していた。それゆえに、岸清一は第十一回大会返上への「期待感」を表明したわけであり、ヒトラー政権誕生の二日後、二月一日付『東京朝日新聞』も、「ヒトラー内閣成立はオリムピック東京大会に好影響」との見出しで次のような記事を掲載している。

「昨年夏ロサンゼルスのオリムピック大会を控へ、世界各国がスポーツ熱にうかされてゐた時、ヒトラー氏は『もしわがナチス派がドイツの政権を握ったら一九三六年の第十一回オリムピック大会は絶対に開催しない』旨をナチスの機関紙で声明した……もしもヒトラー氏の政権が一九三六年まで続き、第十一回オリムピック大会に反対決議をした場合は結局同大会はローマで開かれ、第十二回大会は東京に開かれる事は八、九分通確実と見られてゐる」

だが、首相就任後のヒトラーは態度を一変させた。宣伝相ゲッベルスらが進言したとされるが、三月になるとにわかにオリンピックに執着を示すようになったのである。

ヒトラーの豹変は、ベルリン・オリンピックを政治的大宣伝の格好の道具に仕立てあげ、ドイツを世界の一流国として国際的に認知させようと決意したためであった。おかげでドイツの大会返上の期待は一場の夢と消え、日本側は大いに落胆したが、ベルリン大会の開催問題がこれですべて決着したわけではない。

その原因はナチスのユダヤ人排斥政策にあった。長い間ドイツ・スポーツ界に貢献したベルリン・オリンピック組織委員会会長テオドル・レヴァルトも、ユダヤ系人物との理由で会長の座を追われそうになる。

これに対し、米国スポーツ界の大物アベリー・ブランデージ（のちの第五代IOC会長）がはげしく嚙みついた。四月十九日付『東京朝日新聞』夕刊によると、ブランデージは、「もしドイツにおける民族差別待遇（ユダヤ人圧迫問題）がこのまま継続する時は、ベルリンで開かれる予定となってゐる第十一回オリムピック大会はローマ又は東京で行はれる事となるかも知れない。ドイツよりの報道は仮令《たとえ》その一部分でも真実であるとしたら、これはオリムピック精神に背反するもので黙過する事は出来なからう」と語り、六月にウィーン（オーストリア）で開かれる次期IOC総会で、ドイツ国内のユダヤ人問題が論議されるとの見通しを明らかにした。

日本人にとってユダヤ人問題の歴史的背景は理解しがたく、ナチスのユダヤ人排斥政策も同様に理解を超えた問題であった。が、東京市当局や日本のスポーツ界では、IOCがこのブランデージ発言を支持し、ベルリンからオリンピックの開催権を取り上げれば、「紀元二千六百年」には東京にオリンピックを招致できるかもしれないという淡い期待が、ふたたび頭をもたげていた。

嘉納治五郎の活動と岸の死

一九三三年五月十七日、嘉納治五郎はウィーンのＩＯＣ総会に出席するため、東京駅を出発した。駅頭には牛塚虎太郎、永田秀次郎の新旧東京市長や、「紀元二千六百年」のオリンピックに関心を持ちはじめた公爵近衛文麿《このえふみまろ》らが見送りに駆けつけている。

ＩＯＣウィーン総会は、六月六日、オーストリア学士院講堂で開幕したが、一九四〇年のオリンピック開催地については二年後のオスロ総会で決定することを確認しただけで、論議の大部分はナチスのユダヤ人排斥問題に集中した。

チャールズ・シェリル、ウィリアム・メイ・ガーランド、アーネスト・リー・ヤンケの米国ＩＯＣ委員三人の強硬な抗議を受け、ＩＯＣはオリンピック憲章の遵守とスポーツ界におけるユダヤ人差別の撤廃を保証し、組織委員会会長テオドル・レヴァルトを現職にとどめなければ、オリンピックのベルリン開催を認めないとドイツ側に通告する。これが受け入れられるかどうか不安視する委員もいたが、ドイツはＩＯＣの要求をのんだ。

ドイツ・スポーツ界の長老レヴァルトは、実権のない名目上の地位を守っただけであり、ユダヤ人排斥の中止もあくまで見せかけにすぎなかったことが後日判明するのだが、これによりベルリン・オリンピックの危機はいったんは回避されたのである。

ドイツの第十一回大会返上の可能性が消失したことにより、一九四〇年の開催地をめぐる争いは熾烈化してきた。開催希望都市は、その後、東京、ローマ、ヘルシンキの三都市に絞られ、「少数激戦」の様相が濃厚になっていた。それだけにウィーンでは、嘉納治五郎が総会場の内外で各国委員と額を寄せ合い密談する回数も頻度を増していった。

この総会では日本にとって重要な収穫もあった。日本のIOC委員枠が従来の二人から三人に増員されたのである。戦前、三人のIOC委員を保持していた国は米、英、ドイツ、フランスなど数ヵ国にすぎず、この決定は日本が国際スポーツ界で一流の地位を占有したことの表徴でもあった。

嘉納、岸に続いて日本の三人目のIOC委員として承認されたのは、前国際連盟事務局次長杉村陽太郎《すぎむらようたろう》である。杉村は、身長一メートル八十五、体重百キロを超える当時としては日本人離れした体格で、しかも、水泳、柔道、剣道、乗馬など多くのスポーツに通じていた。特に水泳では、学生時代、大阪毎日新聞社主催の十海里競泳大会に優勝したほか、外交官の卵としてフランスに赴任したときはドーバー海峡横断も試みようとしたほどで、フランス語も堪能である。「スポーツ外交」の担い手としては最適の人物とみられていた。

嘉納治五郎はIOC総会後、ヨーロッパ各地で柔道の指導や講演を行い帰国の途についたが、まだ船上にあった十月二十九日、岸清一が喘息《ぜんそく》の発作を起こして死去する。のちの体協会長下村宏は、「将来オリンピック大会は東京でと意気込んでいる日本は、ここに対内に、対外に、朝野をあげて一段の協力奮闘を要する。それが故人の霊を慰める道であり、さらにわがスポーツ界の大使命であらねばならぬ」と、岸の追憶記で決意を新たにしている。

十一月二十日、横浜入港の筥崎《はこざき》丸で半年ぶりに帰国した嘉納治五郎は、一週間後の二十七日、体協主催の帰朝歓迎会の席上、オリンピックの東京招致の見通しを次のように述べた。

「羅府（ロサンゼルス）大会の際、オリンピック大会日本招致運動の為め出発に際しては、故岸会長と共に九分九厘絶望だと考へたが、その凱旋に際しては二分の可能を認めて帰へって来た。然るに今度彼地に於て奔走の結果、日本開催説に対し、委員会中の有力者米国のシェリル、ガーランド及瑞典（スウェーデン）のエドストロム三氏を日本の最も力強き支持者に加へ得たので五分の成功を確信する次第です……いづれにしても、第十二回大会開催地の決定するのは明後年即ち一九三五年であるから、それまでは我国として凡ゆる方面から大会招致に対し力を致さねばならない」

だが、大日本体育協会はそのころ思いがけない難問に直面し、オリンピックの招致運動どころではなくなっていたのである。

「満州国」と「極東選手権」

当時、「極東選手権」という国際競技大会が存在していた。一九一三（大正二）年、第一回大会がマニラ（フィリピン）で開かれ、それ以後、日本、中華民国、フィリピンを主要な参加国として、この三ヵ国の持ちまわり形式でほぼ二年おきに開催されていた。この大会がアジア東部地域のスポーツの興隆に果たした役割は大きく、現在のアジア競技大会は、この大会と西アジア競技大会が統一、復興して誕生したとされている。

しかし、「極東オリンピック」ともいわれたこの大会は、一九三〇年代に入ると、関東軍の謀略で誕生した満州国の取り扱いをめぐって大混乱をきたすことになる。

問題の発端は、一九三四（昭和九）年にマニラでの開催が予定されていた第十回極東選手権に、新生満州国の体育協会が参加を希望したことにある。大日本体育協会は当初、このことが深刻な事態を招来するとは予想もせず、満州国体協が一九三三年五月三日、同国選手が参加できるように協力してほしいと要請してきたとき、いとも簡単に引き受けてしまった。満州国は極東体育協会の正式加盟国となってはいないが、前回一九三〇年の第九回東京大会では、非加盟メンバーで当時英領植民地だったインドが参加を認められた例もある。満州国の場合も、同国誕生の経緯が国際的な批判を浴びたとはいえ、大会参加だけなら問題はないだろうと日本側は観測していたのである。

だが、この予想はまったく甘かった。満州国の存在を否定する中華民国は、日本側の提案に真っ向から反対し、フィリピンは中立的な立場を崩さなかった。参加問題は暗礁に乗り上げ、満州国に安請け合いした大日本体育協会は窮地に追い込まれる。失望した満州国側は、日本に誠意と同情が欠けていると激烈な口調で非難した。

この問題の解決をはかるため、大日本体育協会の依頼を受けた山本忠興は、一九三四年三月十七日、急遽マニラにおもむきフィリピン体協と協議して、中国を含む三国会議を上海で開くことに同意させる。が、二日間にわたった会議でも中国側はついに妥協せず、一時は日本に好意的と伝えられたフィリピンも、満州国の参加は大会憲章上困難との態度を表明し、打開の糸口さえつかめなかった。おまけに、三国会議でのフィリピンの言動に憤慨した大日本体育協会がフィリピン体協に抗議電を発したのに対し、上海滞在中の山本はこの抗議が誤解に基づくものだとして、独断で抗議取り消しを直接フィリピンに打電するなど、日本側の混乱と不統一を露呈するひと幕もあった。

満州国選手の参加が絶望的になるとともに、日本国内では大会参加派とボイコット派が鋭く対立するようになる。

最後の大会となったマニラの第10回極東選手権大会（野球）

大会を終わってマニラを発つ日本選手団

ボイコット派は、日本は多大の犠牲を払って満州国を独立させ、そのために国際連盟も脱退したほどだから、満州国とあくまでも共同行動をとるべきであり、同国を切り離して日本だけが極東大会に参加するのは背信行為だと強調した。

参加論者は、天皇杯が出ている極東大会を欠場するわけにはいかないし、日本の不参加は苦労して開催準備をととのえたフィリピンを裏切ることになるので、大会に出場したうえで堂々と満州国の参加を主張したほうがよいとの意見であった。「スポーツと政治は別物」という当時のスポーツ界に支配的だった意識が参加論のバックボーンになっていた。

マニラ大会が近づくにつれ、日本国内の世論は沸騰する。早大、慶大などの有力選手があい次いで「出場辞退」を声明し、愛国団体や軍人有志と自称するグループは、日本選手団をマニラに派遣しないよう体協に強硬な申し入れを行った。

大日本体育協会は四月十四日の全体会議で極東大会への参加を最終決定し、満州国体協には「今後とも問題解決に鋭意努力する」との文書を手交した。しかし、紛糾の渦紋は消えず、陸上、水泳の日本代表選手が合宿していた甲子園のホテルが棍棒を持った「暴漢」に襲撃され、選手がけがをするという前代未聞の事件も発生する。日本選手団は四月二十九日、神戸港から平洋丸でマニラに向け出発したが、乗船時には警官五十人余が周囲を警戒するものものしさであった。

マニラでは、第十回極東選手権大会と並行して、極東体育協会加盟の日、中、フィリピン三国会議が五月十九日、二十日の両日にわたって開かれ、日本側は満州国などの参加が可能となるように大会憲章の改正を提案した。が、反対する中国代表が退席して会議は決裂し、一九一三年から二十一年間続いた極東選手権は、第十回大会をもって廃止の運命となる。

日本はフィリピンと共同で新たに東洋体育協会を設立し、一九三八（昭和十三）年に東京で第一回東洋選手権大会を開く予定だったが、戦火の拡大で中止された。

極東大会への満州国参加が実現しなかったうえに、日本が同国を袖にする形で大会に出場したため、日、満体育協会間の亀裂は決定的となる。満州体協東京委員会は、「吾人は満州国参加問題に関し、大日本体育協会のとりたる処置につき何等の誠意を認むる事能《あた》はず」と、日本体協との絶縁声明を発表した。東アジアのスポーツ界を巻き込んだ「政治的対立」は、こうして大日本体育協会に苦い結末をもたらしたのである。

満州国誕生をごり押しした日本軍部は、極東選手権の紛糾をどうみていたのだろうか。陸軍省新聞班長根本博《ねもとひろし》中佐は『文藝春秋』（一九三四年六月号）にこう書いている。

「国家を離れてスポーツなし。当り前の話だ。国家を離れて純粋のスポーツがあるなら、一つ後学の為に拝見したい位である。

大体、国家とスポーツを一緒にして、比較論評するのが不愉快である。国家と云ふ崇高な概念に対して、スポーツなどを持ち出すのが面白くないのだ……現に、日本体協幹部の中に、満州国は日本が承認しただけで、外国の承認が無いから完全な国家でないと公言した者のあることを、満州国体協幹部から聞いた……これは非常に遺憾である。国家は何も外国の承認で成立するものでなく、国家はそれ自身の力で成立する。外国の承認など何も国家の存立に対して役立つものでない……スポーツのことなど、実は僕はどうだってよいのだ。こんな事で夢中になって居る時代でもあるまい」

たかがスポーツ、とはよく耳にする言葉である。根本の一文は、軍部がスポーツをまさにそのようにみていたことを示す好例であり、そうした見解は東京オリンピックの開催決定後、陸軍のとった態度にも如実に反映されている。

さらに、第十回極東選手権大会で表面化した満州国問題は、きたるべき「紀元二千六百年」のオリンピックにおいても、満州国側の出方によっては巨大な不安材料となり得ることを暗示するものであった。

5　ムソリーニの好意

IOC委員・副島道正

第十回極東選手権がマニラで開催中のことだが、アテネ（ギリシャ）では五月十六日から十九日までの日程で一九三四年度IOC総会が開かれた。日本からは当初、岸清一が出席する予定だったが、岸が急逝したため嘉納治五郎が前回に続いて出席している。

総会は、アテネの国立アカデミー大講堂にギリシャ大統領らを迎えて開会式を行ったあと、議事にはいった。だが、一九四〇年の第十二回オリンピック大会は今回も論議の対象と

招致に奮闘したIOC委員副島道正(右)と杉村陽太郎

はならず、嘉納は、東京市が市内のスポーツ・文化施設を宣伝紹介するために作成した写真集『スポーツセンター・オブ・ジ・オリエント』を各国IOC委員などに配付し、オリンピック東京招致への支持を取りつけることに力をそそいだ。

総会議事のなかで日本に関係したことといえば、故岸清一の後任として、岸の友人でもあった伯爵副島道正《そえじまみちまさ》（大日本バスケットボール協会会長）がIOC委員に選出されたことである。副島は明治時代の政治家種臣《たねおみ》の三男として生まれ、ケンブリッジ大学を卒業して各国に友人知己が多かった。戦前のIOCは貴族や富豪が顔をそろえ、「サロン的雰囲気」が濃厚だったから、その意味でも華族副島道正の委員就任はうってつけの人選といえた。

IOC総会に出席後、ヨーロッパ各地でオリンピック招致工作を進めた嘉納治五郎は、病気のため予定を切り上げて、九月七日、横浜着の照国丸で帰国する。

しかし、東京市会のオリンピック委員会に嘉納が提出した報告書は、「日本の招致運動が未だ一般に努力不足の感あるに反し、伊太利（イタリア）は地の利を有し、且《かつ》ムソリーニ首相の熱心により猛烈なる運動を継続して居るのみならず、欧州諸国又伊太利に遠慮するかの態度を示す情勢に鑑《かんが》み、第十二回オリンピック大会を東京に招致することはこのままでは甚だ望み薄である」というもので、前年のウィーン総会のときとは打って変わって悲観的色彩の濃厚な内容になっていた。

第十二回大会の開催地を決定するＩＯＣオスロ総会は、翌一九三五（昭和十）年二月に開かれる予定で、日本が態勢を建て直す時間はいくらも残っていない。嘉納治五郎の報告書をもとに対策を検討した東京市オリンピック委員会は、オスロ総会での決選投票も辞さぬ覚悟で招致工作に全力をつくす、との結論で会議を締めくくったが、どの委員も顔色がさえなかった。

新ＩＯＣ委員副島道正は、オスロ総会出席の途次、ヨーロッパ各国でオリンピック招致の準備工作を進めるため、十二月十三日、東京駅を出発した。駅頭では東京市関係者や体協役員ら多数が見送り、さながら「スポーツ列車」の観があった、と新聞記事は伝えている。

だが、当の副島は、「今となっては日本も到底駄目と思ひます。ムソリニは既にスタディアムを作ってローマ開催を決定的に導かうとしてゐるのに対し、東京は全く手おくれだ」(『東京朝日新聞』十二月十四日)と語り、どうにも意気のあがらぬ出発風景であった。

副島は神戸から海路ローマに向かい、駐伊大使に転出していたIOC委員杉村陽太郎と打ち合わせることにしていたが、神戸出航当日の十二月十四日、その杉村から外相広田《ひろた》弘毅《こうき》あてに一通の公電が飛来する。前日のイタリア首相ベニト・ムソリーニとの会見の顚末を報告したものだが、そのなかにはオリンピック招致に関する興味深い内容が記載されていた。

それによると、大使杉村は過日の信任状提出のときには、虫の居所が悪かったらしいムソリーニにそっけなく扱われたため、この日は冒頭、日本とイタリアの親善関係増進について私見を開陳するので、会見にかなりの時間を割いてくれるように要望した。そして両国の経済関係などに言及したあと、東京とローマが競合している第十二回オリンピック大会の開催地問題に話題を転じる。

「これは大使としての資格ではなく、東京市と貴国が正面衝突する問題について、IOC委員の立場から明確にわれわれの決意を申し述べておきます」

杉村は巨軀の背筋を伸ばして弁舌をふるった。

「日本におけるスポーツの発達は近年驚くべきものがあるが、『世界的スポーツの祭典』であるオリンピックは、従来の開催地選定をみても、あまりにもヨーロッパに偏重している。オリンピック招致にかける東京市の決意はきわめて固く、あくまでも初志貫徹を期している。ＩＯＣオスロ総会には私も出席し、東京が開催地に選ばれるよう各国委員を直接説得するつもりだ」

するとそれまで渋面をつくっていたムソリーニは突然笑顔になり、

「たしかに、わが国のスポーツ関係者は一九四〇年のオリンピックをローマで開きたいと熱望している。が、それは首相である自分の決裁を経たものではない」と答えた。

「それじゃあ、まだ話し合いの余地があるのですね」

勢い込んだ杉村は、大国である日本とイタリアのどちらが負けても体面上おもしろくないので、十分考えていただきたいと要望し、ムソリーニは「考慮してみよう」と言った。

この会談では、両国が武力進出の対象としていた中国とエチオピアも話題にのぼっている。日本は満州事変に続いて中国との果てしない戦争に突入しようとしていたし、イタリアはエチオピア軍との衝突事件を契機に、エチオピアへの本格的な侵略（イタリアは一九三五年十月にエチオピア侵攻を開始し、翌三六年五月、同国併合を宣言）を企図していた。それだけにこの会談は、軍事力を背景に勢力拡大をめざす両国が、相互の支配地域での権益尊重を確認しておくための対話という側面も持っていた。杉村によれば、この日のムソリーニは意外に友好的だったという。

この会談から二週間後の十二月二十七日、東京市会は、一九四〇年のオリンピックが東京で開催される場合にかぎり、各国選手の派遣費として百万円を補助する建議案を満場一致で可決した。東京がヨーロッパから遠隔の地で旅費がかかりすぎるという批判をかわすための、当時としては画期的な措置である。これと同時に、日本側は局面打開をはかって決定的な作戦に打って出ることになる。大使杉村陽太郎に「友好的」態度をみせたムソリーニに直接働きかけ、最大の強敵ローマの立候補撤回を懇願することにしたのである。

じつは、嘉納治五郎は一年前、IOCウィーン総会から帰国したときに、「ムソリーニも一生懸命だが、彼は偉い人だから、わけを話して大会を譲ってくれと言えば譲るかもしれぬ」と、東京市オリンピック委員会で語っていた。ムソリーニの譲歩を予測する根拠と確信が嘉納にあったわけでもないだろうが、杉村の公電から判断しても若干は脈がありそうなので、とにかく「駄目でもともと、当たって砕けろ」ということになったのである。

ムソリーニに「辞退」を懇願

ムソリーニ説得の大役は、ローマに立ち寄る予定の副島道正が引き受けることになった。副島は船中から各国の友人に手紙を出して協力を懇請したが、とくに親日家のオーストリアIOC委員テオドル・シュミットはムソリーニとも懇意だったので、仲介者として最適任と判断して丁重な依頼状を発送した。

一九三五（昭和十）年一月十四日、ローマに到着した副島は悪性の流感にかかっており、翌日、新設の大理石づくりのスタジアムを見学して、ますます病状を悪化させる。

ムソリーニとの会見が予定された一月十六日、副島は杉村大使を同道し、三十八度五分の高熱をおして首相官邸を訪問した。が、約束の午後六時より十五分ほど早く着いたので、応接間で待機中、急に意識を失って卒倒する。ホテルにかつぎ込まれた時は体温が四十度に上り、呼吸困難、脈拍は百三十八、流感から肋膜肺炎を併発して重態に陥り、四日間ほどは意識不明の状態が続いた。

しかし、この病気がムソリーニの心を動かしたらしい。朝から熱があったのに無理をして出かけた、と杉村が言うと、ドゥーチェ（首領）と呼ばれたファシストの首相は、会見を延期すると言ってくれればよかったのにと、気の毒そうな表情を浮かべた。副島は我慢強い男だから、あくまでも約束を守ろうとした、との説明に、ムソリーニは「サムライ」と感嘆の声をあげる。

五日目にようやく危篤状態を脱した副島道正は、さらに三週間の入院生活を送ったが、オスロ総会が迫ってきたため、杉村に勧められて二月八日、再びムソリーニと会見することになった。三十分間以内ならという医師の許可を得て実現したもので、午後六時に首相官邸に到着すると、ものの一分も待つことなくムソリーニの部屋に請じ入れられた。

大使杉村陽太郎が謹厳なフランス語でIOC委員副島道正を紹介し、日本とイタリアがオスロで争うのは遺憾であると力説した。

首相ムソリーニの巨眼が副島に向けられる。

「一九四〇年は日本にとって皇紀二千六百年にあたるため、国をあげてオリンピック招致を望んでいます。この国民の気持ちを尊重して、この年の大会を譲っていただけるならば、日本はご希望にしたがい一九四四年の大会がローマで開催されるように努力します」

副島が英語で述べると、ムソリーニはニコニコして、

「Will you ? Will you ?（ああそう、ああそう）」と叫んだ。

首相ムソリーニは「ローマ辞退」を約束し、会見は十五分間で終わった。

玄関まで見送りに出たムソリーニに、副島は「千五、六百人に達する欧米の純真なスポーツ青年に東洋を十分に見せることは、東西の接触のため欧亜の提携のために有益であり、ひいては世界平和を保つうえにきわめて有効であると思います」と、「東京開催」の意義を強調し、ムソリーニは、「That is the point ! That is the point !（そのとおり、そのとおり）」と二度繰り返して、副島の手を固く握りしめた。

首相官邸からの帰途の車中で、杉村は「あなたの病気が成功の一大原因ですよ。もし一月十六日にあなたが首相と会見していたら、おそらく正面衝突したでしょう」と語り、安堵のため息をついた。高熱に苦しむ副島が約束どおり面会に来たことにムソリーニが胸を打たれたことと、副島が入院加療中、オーストリアIOC委員シュミットがムソリーニに日本開催の意義を代弁してくれていたことが幸いしたのである。

大使杉村陽太郎の外相広田弘毅あて公電によると、このときの会談でムソリーニは、「（日

伊両国間で）事態が面倒になるのを避けるため、IOCオスロ総会で一九四四年の大会をローマで開くことを宣言してくれるならば、一九四〇年の開催地は快く東京に譲る」と言明した。杉村と副島が飛び立つ思いでムソリーニの官邸を辞去したであろうことは、その公電文からも察知できる。

「『ムッソリニ』ノ好意ヲ謝シ、伊太利側ニシテ斯ノ如キ友好的態度ニ出テラルルニ於テハ右羅馬（ローマ）開催宣言ノ成立ニ欣然全幅ノ支持ヲ与ヘント約シ、極メテ明朗ナル気分ニテ『ムッソリニ』トノ会見ヲ終了セリ」

おそらく杉村も副島も、オリンピック東京招致を実現するうえでの最大の難関はこれで乗り越えた、との思いが強かったことだろう。

だが、首相ムソリーニは、副島の病気に同情し、シュミットの話に耳を傾けたとはいえ、そのことだけで日本に譲歩したのではない。その裏には、同種の軍事体制国家日本とイタリアとの関係が密接になることを見越して、この際「貸し」をつくっておいたほうが得策とのしたたかな計算が働いていたのである。またローラ・フェルミ著『ムッソリーニ』によれ

第十二回オリムピツク大會

伊國首相の讓步

東京開催確實

副島伯と杉村大使の努力で
ローマを見合はす

恰も皇紀二千六百年

副島伯欣然と語る

ムソリーニの開催辞退を伝える新聞記事（東京朝日新聞・1935年2月11日）

ば、ムソリーニはいつも問題の一面だけをみる傾向があったともいわれる。とすると、このときは間近に迫っていたエチオピアへの軍事侵攻で頭がいっぱいになり、オリンピックは、開催を一時延期しても大して痛痒を感じないほどの比較的影の薄い存在になっていたのかもしれない。

「挙国一致」の運動へ

「ローマ辞退」のニュースに驚喜した東京市会は、二月十二日、満場一致の決議でイタリア首相ベニト・ムソリーニ、副島道正、杉村陽太郎に感謝の電報を打った。

翌十三日、東京市長牛塚虎太郎は、首相岡田啓介《おかだけいすけ》、外相広田弘毅、外務次官重光葵《しげみつまもる》らを官邸に訪問して政府の援助をあらためて要請し、政府も「東京開催」に各国の支持が得られるよう尽力すべしと、在外大公使・領事に訓令を発する。

その内容は、「……東京市ヨリ申出ノ次第モアルニ付、前記『オスロ』委員会投票ニ於テ東京開催決定ヲ見ル様機宜ニ応シ可然御援助相成度」というもので、ロサンゼルス大会直前の消極的な訓電「本件ガ話題ニ上リタル際等ニハ、之ニ協力声援ヲ与フル程度ニテ可然御取計相成度シ」とは異なり、東京招致への熱意と期待を感得させる文面となっていた。

大日本体育協会も二月十六日、副会長平沼亮三が首相、外相、文相、貴族院、衆議院両議長、政友会、民政党、国民同盟会各総裁を歴訪し、陳情書を提出する。

「日本ノナショナル・オリンピック・コムミテイ（NOC）タル大日本体育協会ハ、東京市ノ協力ヲ得テ（第十二回オリンピック）大会ノ日本開催方ヲ奔走中デアリマシタガ……」

大日本体育協会がオリンピック招致に奔走中というのは、従来の体協の「消極姿勢」を忘却したような表現だが、とにかくこの陳情書は、第十二回オリンピック大会の東京開催に関して体協が発出した最初の公的文書であった。

このなかで体協は、首相ベニト・ムソリーニの「武士道的好意」でイタリアが辞退したことにより、第十二回大会の開催地に東京が突如、有望になったことを強調し、いっそうの支援を懇望している。

「同大会ノ国家的並《ならびに》国際的意義ニ鑑ミ、国家トシテモ相当額ノ旅費補助ヲ支出スルト共ニ、同大会ガ東京ニ開催サルル場合ハ、挙国一致ノ力ニ依リ従来曾テ見ザル成果ヲ収メ得ルヤウ特別ノ御配慮ニアヅカリ度《たく》……」

これを受けて衆議院では、二月十九日、鳩山一郎《はとやまいちろう》、安藤正純《あんどうまさずみ》、安部《あべ》磯雄《いそお》ら議員有志十人が次のような建議案を提出した。

「近代オリムピック競技会は、第十九世紀フランスのピエール・ド・クーベルタン男爵の献身的努力により、古代ギリシャのエリス谿谷にオリムピヤ競技を復興して以来体育奨励、国際文化の進展及び国際的平和に寄与貢献せること大なり。

回を重ねること既に十回は何れも欧米に開催され、亜細亜（アジア）に挙行せられるは今回を嚆矢《こうし》とす、而して開催の年は二千六百年に該当し神武天皇の御偉業を景仰《けいこう》記念すると共に、日本建国三千年の文化を宣揚紹介し、国際親善の実をあぐるの機会なり。第十回の（ロサンゼルス）大会を想へばこれに要する費用は多額にのぼる、よって政府は相当なる補助をし以て画期的事業の達成を望む」

体協副会長平沼亮三の陳情の趣旨は、「第十二回大会の東京開催が決定した場合は、何分ともよろしく」というものだったはずだが、「ローマ辞退」の大ニュースが議員諸氏の発奮を呼んだとみえ、建議案は一足飛びに「東京開催」を確信する内容となっていた。

この建議案提出の前日、二月十八日、貴族院議員菊池《きくち》武夫《たけお》は東京帝国大学教授美濃部《みのべ》達吉《たつきち》の天皇機関説を名指しで「国体を破壊する反逆の学説」と本会議で攻撃し、一週間後には美濃部自身が貴族院本会議で弁明と反論の大演説を行った。

これ以後、議会の内外で「天皇機関説」攻撃が強まり、政局はこの問題でゆらぐことになるが、「第十二回オリムピック大会経費補助に関する建議案」だけは、衆議院、貴族院を問わず全議員の賛成で可決される「挙国一致」ぶりであった。政府も、首相岡田啓介らがその方向で極力努力すると答弁している。

こうして「紀元二千六百年」オリンピックの東京招致は、第十四代東京市長永田秀次郎が脳裏に構想を根づかせてから五年目にして、文字どおり朝野をあげての国民的運動へと発展したのである。

6　オスロ総会の舞台裏

「容易ならざる暗影」

オリンピック東京招致の成否を決める一九三五年度IOC総会は、二月二十五日からノルウェーの首都オスロで開かれることになっていた。しかし、オスロ行きを予定していた副島道正は、病状が回復しないためナポリから海路帰国することが決まり、日本を代表するIOC委員としては、駐伊大使杉村陽太郎がただひとり出席して、孤軍奮闘することになる。

杉村は、オスロ会議については何の不安も感じていなかった。イタリアの最高指導者ムソリーニが「ローマ辞退」を確約したことにより、オスロでは単に東京を開催地に決定するための形式的手続きがとられるにすぎないと考えていたからである。

ムソリーニを説得してくれたオーストリアIOC委員シュミットも、オスロに向かう途中ウィーンを訪れた杉村に「もはや問題は片づいた」と語り、東京オリンピック開催の準備方法について意見を交換したほどであった。

気がかりといえば、二月十九日に駐独大使武者小路《むしやのこうじ》公共《きんとも》が「東京市は一九四〇年にオリンピックと並行して万国博覧会の開催も計画しているとの報道があるが、IOCは両者の同時開催に絶対反対の態度をとっているので注意されたい」との公電を外相広田弘毅に寄せていたことくらいである。

武者小路電にあるように、東京市は紀元二千六百年記念事業として、オリンピックと万国博覧会の同時開催を計画していた。では、IOCはなぜ「絶対反対」なのか。それには次のような理由がある。

近代オリンピックの復興を告げる第一回アテネ大会（一八九六年）は、ギリシャ王室のバックアップもあって成功をおさめたが、第二回パリ大会（一九〇〇年）は、同時期に開かれた万国博覧会の余興のように扱われて、まったく盛り上がらず大失敗に終わった。第三回セントルイス大会（一九〇四年）も万国博覧会と同時開催だったため、貧弱な内容であった。開・閉会式も実施されず、近代オリンピックの主唱者クーベルタンも大会には姿を見せずじまいであった。その後、オリンピックは大きく発展し、万国博覧会を凌駕する「世界最大の祭典」となったが、初期の大会で苦い経験をなめたIOCは、時代が変遷しても両者の同時開催を毛嫌いしつづけていたのである。

外務省から連絡を受けた杉村は、万国博覧会の開催時期を再検討するよう東京市に打電したが、オリンピックの東京招致そのものには依然として楽観的な見通しを持っていた。

二月二十三日にオスロ入りした杉村は、イタリア首相ムソリーニとの約束の事実を各国IOC委員に告知したので、委員間では、一九四〇年は東京、一九四四年についてはローマとヘルシンキが再立候補し、新規に名乗りをあげたローザンヌ（スイス）と大会開催地を争う

第3代IOC会長アンリ・ド・バイエ＝ラトゥール

との観測が一般的となった。

だが、新たな問題が生じる。

IOC本部の所在地ローザンヌが一九四四年を希望するのは、同年がIOC設立五十周年にあたるため、その記念大会をぜひ開催したいとの意向によるもので、同地に居住するクーベルタンの支持も得て、「当確」との情報が流布されていた。そうであるとすれば、一九四四年のローマ開催は不可能になるので、ローマの一九四〇年大会立候補への回帰が懸念され、ヘルシンキも同様に一九四〇年開催に向けてエンジンをかけなおすことが予想される。

さらに杉村陽太郎と初対面のIOC会長アンリ・ド・バイエ＝ラトゥール伯は、「オスロでは一九四〇年の開催都市のみを決定する。一九四四年の開催地は今回の決議の範囲外だから、委員会としてはローマに何の保証も付与できない」と主張した。各国委員が個人の資格でローマの四四年開催に賛意を表明することにも難色を示す。

「会議の前途に対し、ここに容易ならざる暗影が投ぜられたり」

総会後、杉村から東京市や大日本体育協会に送付されたオスロ会議報告書には、このときの日本側の憂色につつまれた様子がそう記述されている。

ローマ、ヘルシンキとの争い

翌二十四日、杉村陽太郎の危惧が的中した。

この日、オスロに到着したイタリアのIOC委員ボナコッサ伯は、首相ベニト・ムソリーニと日本との約束を無視して、ローマは一九四〇年大会の開催を主張するとの声明を発表し、イタリア委員の前蔵相レベルからも、両国間には何の話し合いもなかったかのような来電があった。ボナコッサは長年にわたり多額の私財を投じてイタリアにおけるスポーツの発展に努力したほか、すでに過去三回もオリンピック招致を企図して、そのつど敗北を喫したという。だが、今回はローマが東京を十四票上回ることが確実との予想を立てていたので、あくまでも総会での投票に持ち込み、宿願を達成しようとしたのである。

「これじゃあムソリーニの約束は反故《ほご》も同然だ」と、杉村はイタリア側の態度に激高したが、事態は予断を許さなくなった。これに加えて第十二回大会にかけるヘルシンキの熱意も急上昇したため、一九四〇年の開催地決定は「無風」との予想が一転して、「激戦」の様相を見せてきた。

注目のIOCオスロ総会は、二月二十五日、オスロ大学大講堂で開会式を行い、翌日から会場をオスロ海運業者クラブに移して実質審議にはいった。

会議の冒頭、総会議長を兼任するIOC会長ラトゥールは、一九四〇年大会の開催地については、日本、イタリア、フィンランド三国から要求が出ている。日本のスポーツ界は近年長足の進歩を遂げ、イタリアはムソリーニの登場以来スポーツ界の面目を一新し、フィンランドは小国ながらスポーツについては世界でも独特の地位を占めている。われわれは三国の立場を平等視し、熟議を遂げたうえで満足できる決定に到達したいと思う」と述べ、このあと、ローマ、東京、ヘルシンキの順序で立候補理由の説明が行われた。

演壇に進んだ杉村代表は、

「オリンピックを名実ともに全世界のものにするためには、東京での開催が絶対に必要である。日本が第十二回大会を希望するのは、祖国の皇紀二千六百年を祝賀するにあたり、世界中の精華を迎えて国民的記念にしたいと念願しているからだ」と二十分間の演説を行い、出席委員からの質問には次のように回答した。

一、各国選手の旅費として百万円を補助する。

二、東京到着までに多くの日数を要すると批判されている点については、カナダ経由かシベリア経由により比較的短時日での旅行が可能である。

三、日本の夏は暑気が猛烈だといわれるが、その気候はフランスのリヨンに相当し、マルセーユに比してはるかに涼しく、過去、夏季に来日した米国選手にも何ら問題は生じなかった。

四、競技場には神宮外苑などをあて、宿泊施設としてはオリンピック村を開設する。

杉村の答弁は具体的かつ明快だったが、ドイツのＩＯＣ委員レヴァルトが、ツェッペリン飛行船を使用すればヨーロッパから三、四日で日本に到着すると発言するなど、予想どおり東京までの距離の遠さと、旅行手段の問題が各国委員の最大関心事となっていることは明白であった。

これに対しボナコッサは、イタリアではスポーツに関するかぎり政府といえどもみだりに干渉することはできないと述べ、暗に首相ムソリーニと日本との約束が無効であることを示唆するとともに、イタリア国内の旅行は無料にすると言明する。

フィンランド代表は、フィンランドがスポーツの面では日本、イタリアにひけをとらぬ大国であり、オリンピックはすべからくスポーツ的見地から開催地を選定すべきである。資金については政府が極力補助し、宿舎には小学校の校舎と船をあてると応答した。

ＩＯＣ委員杉村陽太郎の危機感は強まった。

イタリアはもちろんだが、フィンランドも手ごわい相手であった。アントワープ（一九二〇年）、パリ（一九二四年）、アムステルダム（一九二八年）各大会の陸上長距離で合計九個の金メダルを獲得した超人パーボ・ヌルミをはじめ、リトラ、コーレマイネンらの超一流選手を輩出して、「長距離王国フィンランド」の名をほしいままにしていたし、冬季競技でも大活躍している。フィンランドには、バルト三国やスカンジナビア諸国の票が集中するとみられ、イタリアの態度変更とともにヘルシンキの動向も無視できない情勢となってきた。

焦慮にかられた杉村は強引とも思える行動に出た。イタリア首相ベニト・ムソリーニに急報し、二月八日の副島・杉村との会見内容をボナコッサに伝達して、「ローマ辞退」を下命してくれるように依頼したのである。

二月二十七日、IOC総会は休会だったが、この日、ムソリーニからオスロ駐在イタリア公使ロドロに次のような回答が届いた。

「イタリアは日本のために一九四〇年の大会を放棄する。今回は一九四四年獲得の希望を提示しない。イタリア委員は杉村大使と協調し、善処せよ」

幸いなことに、ロドロはかつて六年以上も国際連盟政治部員として杉村陽太郎の配下だったことがあり、そのことも手伝って何かと日本側への協力を惜しまなかった。杉村はただちに公使ロドロとともにボナコッサと会見し、ムソリーニの指示に基づき日本に協力してほしいと要請した。

ボナコッサは、たまたまローマから宣伝用パンフレット数十部が到着し、母国のオリンピック関係者からも激励電を受け取ったばかりのためか、不服そうな表情だったが、「自分は財産も身分もあり、いささかも政府に依存する必要はない。だが、ファシスト党員としてムソリーニの命令には従わざるを得ない。不本意ながらイタリア委員の有する三票は日本に投票する」と、ついに折れた。

杉村は、ＩＯＣ総会での開催地選出は秘密投票であり、イタリア側がはたしてボナコッサの言明どおりに行動するか信頼できないとみて、三月一日の投票前にローマ辞退を声明するように要求し、同意を得た。

フィンランドに対しては、応援のためスウェーデンから駆けつけていた公使白鳥敏夫《しらとりとしお》に打開工作を依頼する。白鳥はフィンランド政府に総会での投票を棄権するよう申し入れたが、はかばかしい進展はなかった。

投票を延期

投票日の三月一日は午前九時半から会議が続開された。

投票に先立ちイタリア委員ボナコッサは、

「イタリアは一九四〇年の大会をローマで開催するために努力をかさねてきたが、この二週間、わが国が同大会を他国に譲るとの宣伝が各国の新聞に現出したのは奇怪千万である。いま、自分は個人の責任においてローマの立候補を撤回せざるを得なくなったが、ローマが依然候補地であると考え、それを支持した委員も多数いる事実を指摘して委員会の注意を喚起したい」と、杉村に約束した「辞退声明」とはニュアンスの異なる発言をする。

つづいて総会議長ラトゥールは、総会欠席者の書面による投票三十四票がローマの立候補撤回を知らずに行われ、かつ、外部の政治的圧迫により委員会の議決が左右されることがあ

東京朝日新聞 三月二日（土曜日）

オリムピック開催地 遂に決定を延期

來年のベルリン大會まで

オスロ會議の終幕

【オスロにて藤田特派員一日發至急報】一日の委員會の席上第十二回オリムピック大會開催地の決定は來年のベルリンにおけるオリムピック開期中開かれる國際委員會まで延期することに決した

杉村大使談

重苦しい底の流 前夜の夜會場

ラツール伯の文句タラく 杉村氏に一喝食ふ

杉村氏より本社へ謝電

オスロ総会の投票延期を伝える新聞記事（東京朝日新聞・1935年3月2日）

れば、IOCの独立を保持するうえからも断固拒否せねばならぬと述べ、さらに付言した。

「それゆえに、開催地決定の投票を来年に延期する」

ラトゥールは早口で決議案を読みあげたが、そのなかに「外部の介入」という文言があるのを聞きとがめた杉村は、

「そんな理由では延期にはとうてい同意できない。ローマの立候補辞退は二月八日の会見でムソリーニが自発的に確約してくれたもので、これを通常の政治的駆け引きと同一視するのは言語道断である。われわれは決してIOCの独立や自由を侵害していない」と反論した。このため、会議の紛糾を憂慮したエドストロームの提案で、何らの理由もつけず、単に来年まで投票を延期するとの妥協案が採択されることとなる。

最後にラトゥールは、一九四四年の第十三回大会の候補地として東京もそのひとつに挙げ

たが、これに対し杉村は、「皇紀二千六百年を理由に開催を提案した以上、日本は一九四〇年以外は要求しない」と言明して、満場を驚かせる。

日本では、オスロ総会での「東京開催」決定を期待していただけに、徹夜態勢で吉報を待っていた東京市や、積極姿勢に転じた大日本体育協会の落胆は大きかった。

東京市長牛塚虎太郎は「まったく意外だ」とつぶやき、秘書課からオリンピック担当の東京市設案内所長に転出していた清水照男は、連日の徹夜で充血した眼をしょぼつかせながら肩を落としていた。「開催決定」に備えて待機していた新聞社は、あわてて記事を差し替えねばならなかった。

ローマ、ヘルシンキの二強相手の決戦が回避され、投票が翌年に持ち越されたのは、ある意味で杉村代表の「奮闘努力」の成果だったが、「大国日本」の外交官として各国政治家とわたり合ってきた杉村の外交感覚と、政治からの独立を標榜するＩＯＣとの間には、越え難い溝が横たわっていた。オスロ総会で初めて対面したＩＯＣ会長バイエ＝ラトゥールと杉村陽太郎は、以後、互いに相手に好感を抱くことはなかったのである。

オスロ総会からの帰途、ベルリンに立ち寄った杉村陽太郎は、急病のため空しく途中帰国した副島道正にあてて、三月九日、次のような私信をしたためている。

「寒気未だ厳しく御座候処御機嫌如何に候や。御大患後の御事にも有之《これあり》其後の御経過如何哉と遥に御案申上候。オスロ会議の経緯に付ては別送報告写に依り御諒解を相仰中度、一時はローマ大使を犠牲にしても可なりと覚悟し、ムソリーニ首相に直電し伊国委員を掣肘《せいちゅう》し、不満足ながら来年迄延期に決着致候……オリンピックに対する各国の態度真剣にて、是により国民精神を作興し、外に対しても一国の品位を高めんとすること真に敬服に値し……一九四〇年のオリンピックは独逸に於けるが如く挙国一致、興国の正気発揚の為め立派にやりたきものと衷心祈願申候」

杉村陽太郎が提出したオスロ会議報告書のなかには、「自分は新参者にして（IOC内に）旧知なければ、とくに私的交渉に不便を感じたり」と記述した部分がある。

国際外交の経験は豊富でも、IOC委員に就任して日が浅いうえ、自身の外交感覚とIOCの認識のずれが大きかったため、オスロ総会での苦労は想像以上だったはずである。されぱこそ、「ローマ大使を犠牲にしても」といった悲壮な覚悟にとらわれたこともあったのだろう。

ベルリンから空路ローマに帰任した杉村に対し、ムソリーニは病気のため途中帰国した副島道正の近況と健康状態をたずね、「一九四〇年は無条件で東京に譲る。（国際）オリンピック委員会のやり口は気に食わぬ」と述べたという。

「サムライ」とまで感じ入った副島道正のあの日の行動を想起しながら、ファシスト首相ベニト・ムソリーニは独裁者に冷淡だったIOCの態度に胸中で舌打ちしていたのだろうか。

第二章　招致実現に向けて　ヒトラーも協力

1　ベルリン大会を前に

「第三帝国」の支援

ドイツでは、ヨーロッパのもう一人の独裁者アドルフ・ヒトラーの大号令で、ベルリン・オリンピックの開催準備が急速かつドイツ的完璧さで進捗《しんちょく》していた。

既述のように、当初オリンピックに否定的だったヒトラーは、政権掌握後、ベルリン大会支持を声明し、会期は一九三六年八月一日から十六日までと決定していた。過去の気象記録により、この期間が最も天候が安定していると推定されたからである。

大会組織委員会としては出費をできるだけ抑制する腹づもりでいたが、一九三三年十月五日、ベルリン郊外グリューネヴァルトのメインスタジアム建設予定地を視察したヒトラーは、競技場の模型を見て、計画が小規模に過ぎると指摘し、新スタジアムは国家が建設すべきだと断言した。

「それがわが国に課せられた義務である。ドイツが世界各国を招待するのだから、準備は完璧かつ壮大でなければならない。スタジアムの外装はコンクリートでなく自然石とすべきだ。四百万人の失業者がいるのだから、どんな工事も可能だろう」

ヒトラーはそう言明し、五日後の十月十日、総統官邸で開かれた会合で、宣伝相ゲッベルスらの閣僚や組織委員会幹部を前に高らかにぶちあげる。

「きたるべきオリンピックで、われわれは新ドイツの文化的業績と実力をはっきりと示さねばならない」

ヒトラーの言葉で、第十一回オリンピック・ベルリン大会は根底から変質した。

大会のあらゆる準備が、従来のオリンピックをはるかに上回る規模で、ドイツ「第三帝国」の全面的支援のもとに推進された。開・閉会式会場ともなるメインスタジアムは、ヒトラーの指示に基づいて玄武岩、花崗岩、大理石などの自然石がいたるところに使用され、観客十万人の収容能力を有する豪華かつ壮麗な巨大コロシアムに生まれ変わる。一万六千の観客席を持つ水泳競技場や二万人収容のホッケー競技場、室内体育館などのほか、集会場、野外劇場も建設された。

三千五百人の選手が宿泊するオリンピック村は、スタジアムから西に十五キロほど離れたドイツ陸軍の兵営跡に建設された。小さな丘陵や湖が周囲に広がる村内では、各国の生活様式の違いを考慮した設備や食事が提供され、北欧の選手にはサウナ風呂、日本選手のためには総檜《ひのき》づくり、タイル張りの日本式風呂も用意される。ベルリン大会の日本選手団長平沼亮三によると、この風呂は一度に二、三十人は入浴でき、温泉地箱根にもめったにないような贅をつくしたものであった。

聖火リレーと記録映画

オリンピックを多彩にいろどる演出にもさまざまな工夫がこらされた。そのひとつは、メインスタジアムの一角に建設された「ヒトラー塔」に大きな「オリンピックの鐘」を吊るし、開・閉会式に打ち鳴らそうというものであった。この巨鐘は本体の重量が九千六百三十五キロもあり、「私は世界の若者を招く」の文字が彫刻されていた。

開会式を飾る『オリンピック讃歌』は、ドイツの著名な音楽家リヒャルト・シュトラウスに作曲が依頼された。シュトラウスは大会組織委員会が提供した作曲料を辞退し、ベルリン大会の開会式では『オリンピック讃歌』の演奏を自身が指揮すると申し出る。

だが、ベルリン・オリンピックの最大の話題は、何といっても初めて登場した聖火リレーと大会記録映画『民族の祭典』『美の祭典』の製作であろう。

オリンピックの開会式で観衆が最も感動するのは、はるばるとギリシャから運ばれてきた「神の火」が聖火台に点火される瞬間だというが、この聖火リレーを発案したのはベルリン大会組織委員会事務総長カール・ディームであった。ディームは第一次世界大戦で中止され

ベルリン・オリンピック記録映画の総監督レニ・リーフェンシュタール（中央）

た一九一六年のオリンピックでも開催準備を手がけ、聖火リレーはそのときからアイデアを温めていたといわれる。

オリンピアの神殿跡で太陽光線から採火した聖火を、若人の手でベルリンまでリレーする計画は、多くの人びとの感動と共感を呼んだ。問題は、ギリシャ、ブルガリア、ユーゴスラビア、ハンガリー、オーストリア、チェコスロバキア、ドイツの七ヵ国、三千七十五キロにおよぶ長丁場のリレーで、はたして聖火を無事にベルリンまで運ぶことができるかどうかであった。

ドイツの再軍備のため軍需生産に拍車をかけていた鉄鋼会社クルップが、何ヵ月も実験を重ねて風雨や熱に耐えるマグネシウムのトーチを完成させ、リレーの途中で火が消える心配は一応解消した。クルップは、ステンレス製ホルダーと組み合わせた聖火リレー用のトーチ三千百本を組織委員会に寄贈している。

大会記録映画の総監督には、ナチスのニュルンベルク党大会の記録映画『意志の勝利』を撮影した女優出身の監督レニ・リーフェンシュタールが起用された。『意志の勝利』は、ナチス党大会の一糸乱れぬ運営ぶりをあますところなくカメラでとらえ、見事な映像美に凝縮させたドキュメント映画の最高傑作として、国際的にも高い評価を受けていた。レニは、膨大な人数の撮影スタッフのほか、高性能の望遠レンズ、高速度撮影カメラ、クレーン、移動レールなど、必要なあらゆる機材をととのえて大会の開幕にそなえた。

ユダヤ人迫害とＩＯＣ

しかし、開催準備の進捗とは裏腹に、ベルリン大会をめぐる情勢はまたも緊迫の度を加えていた。大会の危機が一応回避されたＩＯＣウィーン総会以後も、ナチス・ドイツのユダヤ人迫害は、やむどころかますます露骨になり、いっそう酷薄の度を増大させていたからである。

ナチスの対ユダヤ政策は、総帥アドルフ・ヒトラーの「ユダヤ人＝悪魔」説に立脚していた。ヒトラー著『わが闘争』（平野一郎、将積茂訳）は、アーリア人種（具体的にはドイツ民族）至上主義とユダヤ人への憎悪で貫かれている。ヒトラーによれば、ユダヤ人は「つねに他民族の体内に住む寄生虫にすぎず」、議会制民主主義や拝金思想、インターナショナリズム、マルクス主義などの「諸悪の根源」は、すべてユダヤ人の世界支配の陰謀から派生しているとされた。それゆえに、「人類文化の敵」ユダヤ人を待ち受けているのは絶滅の運命しかない、とヒトラーは決意していたのである。

ドイツ国内ではナチス党の攻撃組織SA（突撃隊）がユダヤ人商店を襲い、全国各地に「ユダヤ人不用」「ユダヤ人と犬お断り」などと書かれた反ユダヤのスローガンが氾濫した。IOCウィーン総会後、ニュルンベルク近郊の町ではユダヤ人のプール使用が禁止され、この措置はたちまち全国に拡大する。間もなく、プール以外の他のスポーツ施設もユダヤ人を締め出すようになり、ユダヤ人は事実上競技に出場できないだけでなく、練習も不可能な状態に陥っていた。

ナチスの反ユダヤ政策にふたたび猛反発したのは、ユダヤ人居住者の多い米国である。ウィーン総会から五ヵ月後の一九三三年十一月二十日、AAU（全米体育協会）はピッツバーグで総会を開き、「ドイツが口さきだけでなく事実でユダヤ人をドイツ選手団から除外しないことを示さぬかぎり、米国はオリンピックをボイコットする」ことを決議した。USOC（米国オリンピック委員会）委員長アベリー・ブランデージもこの決定を支持する。

IOCは、ウィーン総会の翌年、一九三四年五月、アテネで開かれた総会でも再度ユダヤ人問題を取り上げている。

まず英国委員ロード・アバーデアが、「各国のユダヤ人選手のなかには、ベルリン・オリンピックの期間中、反ユダヤ運動が熾烈になるのを警戒して大会への参加を躊躇する者がいる」と報告し、「オリンピック憲章の遵守、スポーツ界におけるユダヤ人差別の撤廃、といったウィーン総会の確認事項がドイツで実際に守られているのか。各国のユダヤ人選手はオリンピックに参加するためドイツに入国できるのか」とただした。英国ではベルリン大会への疑問の声が一部に出はじめており、アバーデアの質問もそれを意識したうえでのことである。米国委員ウィリアム・メイ・ガーランドも、米国の新聞はこの問題を大々的に報道しており、このままでは米国選手のベルリン行きは不可能になるおそれがあると述べた。

ドイツ委員カール・リッター・フォン・ハルトとテオドル・レヴァルトは、「ドイツ国内のユダヤ人はオリンピックに出場できる。ドイツはウィーン総会の決議を無条件に尊重してきたし、今後も尊重する」と応答した。ユダヤ系人物との理由で一時は組織委員会会長から追放されかけたレヴァルトにとっては、辛い答弁だったに違いない。レヴァルトはドイツ国内のユダヤ人迫害が一段と激化している事実に眼をつぶり、米国委員などの追及の矢をかわさねばならなかったからである。

だがIOC会長バイエ＝ラトゥールは、「ナチスがオリンピックに攻撃をかけているが、この問題の政治的色彩は、スポーツを政治から独立させることに努力しているIOCとは何ら関係がない」と発言し、ドイツ委員はよくやっていると満足の表情を浮かべた。

ナチスに反対してオリンピックのボイコット運動が起きたとき、IOCはベルリン開催を撤回しない理由として、大会はファシストではなくワイマール共和国時代のベルリンに与えられたものだと主張した。ラトゥールは、ユダヤ人迫害問題がいかに国際的関心事になっても、「ドイツではオリンピック憲章が守られている。ナチスのユダヤ人政策は国内問題であり、IOCは他国の内政には介入しない」と答え、ベルリンからオリンピックを取り上げようとはしなかったのである。

ベルギー人のラトゥールが隣国ドイツのスポーツ界の実態を知らなかったはずはない。知っていて、なぜヒトラーの政策の片棒をかつぐような態度をとり、結果的にナチスにまんまと利用されてしまったのか。好意的に解釈すれば、ラトゥールは、「平和の祭典」オリンピックをベルリンで開催し、世界の若人の友好を深めることで、ヒトラーの戦争への傾斜を少しでも食い止めようとした、とも考えられる。

IOCの権威を保持するため、ラトゥールがヒトラーにたてついたこともある。

一九三六年二月の第四回冬季オリンピック大会に出席するため、ミュンヘンから会場地ガルミッシュ・パルテンキルヘンに車を走らせていたラトゥールは、沿道のいたる所にユダヤ人排斥のビラやポスターが掲示されているのを見た。ラトゥールは「こうした宣伝物は、すべての国、すべての民族を迎えるオリンピックに不必要であり、国際儀礼にも反するから撤去してもらいたい」とヒトラーに申し入れた。はげしいやりとりが交わされたが、最後はヒトラーがラトゥールの主張をいれ、ガルミッシュの周辺からは短時間のうちに反ユダヤの宣伝物がなくなったといわれる。

だが、大会開催権の抹消など、それ以上の毅然かつ断固たる措置を取らなかったIOC会長ラトゥールについては、別のきびしい見方もある。

好戦的なヒトラーにより第二次世界大戦が惹起《じゃっき》されれば、ラトゥールの祖国ベルギーは、ドイツ軍の攻撃にひとたまりもなく蹂躙《じゅうりん》されることが自明であった。そこでラトゥールとしては、祖国の運命をおもんぱかるあまり、ヒトラーに多少の抵抗はしても、その逆鱗《げきりん》に触れるような決定的行動はとれなかったのではないか、というものである。

第十二回オリンピック大会の開催地がIOCベルリン総会で東京と決定したとき、招致スタッフの一員としてベルリンに出向いていた東京市文書課調査掛掛長磯村英一《いそむらえいいち》がお礼言上のためにラトゥールを訪問すると、ラトゥールは「君たちはヒトラー総統に感謝しなくてはいけない。東京決定はヒトラーのおかげだ」と語った。明らかに、ヒトラーがIOCに圧力をかけたと受け取れる発言であった。それ以後、磯村は、日本への接近を狙っていたヒトラーが存在しなければ東京招致は実現しなかった、と確信することになる。

逆にいえば、IOC会長ラトゥールにとって、アドルフ・ヒトラーとナチス・ドイツはそれほどに巨大かつ畏怖すべき存在だったのだろう。ラトゥールは、建前としてはIOCの「自主独立」を強調しながらも、結局は第二次世界大戦直前の国際政治情勢に翻弄されざるを得ない運命にあったと思われてならないのである。

ユダヤ人問題とアメリカの世論

その後の米国では、USOC委員長ブランデージの「変節」が話題を呼んでいた。

米国オリンピック委員会委員長アベリー・ブランデージ

ブランデージは、一九三四年六月、「ユダヤ人迫害」で非難を浴びているドイツの実情を視察するためベルリンに出かけ、豪華なオリンピック施設や整頓された街並みに感嘆し、オリンピックの候補選手にユダヤ系ドイツ人二十一人を加えるとのナチス政府発表に満足する。が、ベルリンで何人かのユダヤ人から事情を聞いた際、会見の席にナチス党員とみられるドイツ人がいつも立ち合っていたことには、なぜかあまり注意を払わなかった。

帰国したブランデージは一転して熱心なオリンピック参加論者となり、反ナチスの闘いを推進してきたAAU会長ジェレミア・マホネーと鋭く対立する。ブランデージは「米国選手をオリンピックに派遣するのはUSOCの権限であり、もしAAUがボイコット方針を撤回しなければ、USOCの手で選手をベルリンに送る」といきまいた。

ナチスが反ファシズムの圧力に妥協した例もあった。二人のユダヤ系一流スポーツ選手——一九二八年のアムステルダム大会で優勝し、その後はカリフォルニアに移住していたフェンシングのヘレーネ・マイヤーと、英国に亡命していた走り高跳びのグレーテル・ベルクマンに、ドイツへの帰国を呼びかけたのである。

一九三五（昭和十）年十二月のAAU総会を前に、「ユダヤ人問題」をめぐる米国内の議論は沸騰点に達した。参加反対派が、ナチスのユダヤ人迫害政策は米国の自由の精神に背反すると主張すれば、賛成派は、スポーツに政治を介入させるのは誤りで、ナチスの政策に関係なく選手は参加すべきだと主張した。

ニューヨークで開かれたAAU総会は両派による激論が展開されたが、ユダヤ系選手に帰国を求めたナチスの妥協策が奏効したのか、十二月七日、米国選手のベルリン・オリンピック参加が僅差で決定された。総会では、「オリンピックへの参加はナチスの政策の容認を意味するものではない」との決議も付帯されたが、これで米国の抵抗運動は事実上終結した。

AAU会長を六年間務め、熱心なボイコット推進派だったジェレミア・マホネーは辞任した。マホネーとともにドイツの反ユダヤ政策を痛烈に批判し、大会ボイコットを主張していた米国IOC委員アーネスト・リー・ヤンケは、「委員会の利益に反した」として、IOCベルリン総会で全員一致の決定により除名される。

勝利をおさめたブランデージは、USOC委員長を兼任のままAAU新会長に就任し、間もなくIOC委員にも就任して、国際スポーツ界に君臨する道を突進することになる。

ベルリン大会への参加決定後、米国ではこんな奇妙な意見が幅をきかせるようになった。

「ナチスに抗議する最善の方法は、ベルリンに行ってヤツらをやっつけることだ」

ブランデージの著書『近代オリンピックの遺産』（宮川毅訳）にも同様の記述がある。

「スポーツは政治を超越するものであり、われわれはスポーツ以外の目的のためにオリンピックを手段や武器として使うことは許されないと考えていた。ベルリンで開くオリンピック大会の全責任を受け持っているのは、政治色のまったくないIOCであり、ヒトラーとはまったく関係がない。したがって、ドイツ政府が干渉しない限り、その政策もオリンピックとはまったくかかわりのないことであった。

むしろ考えてみると、オリンピック運動の人種、宗教による差別を一切しないとの原則をナチの首都であるベルリンで示すことは、ナチスの誇るアリアン民族以外の多数の選手が優勝するチャンスを作ることであり、これは逆に反ナチ勢力の運動の助けになるのだ」

この著作にみられるように、アベリー・ブランデージがオリンピックを語る場合は、ラトゥールと同様、現実の政治状況から遊離して観念的に「スポーツの独立」を説くのが通例だったが、そのユートピアン的姿勢は終生変わらなかった。

米国の反対運動終息後、AAU会長を辞任したジェレミア・マホネーらはなおもナチスのオリンピック支配に抗議する運動を続け、その一環として、ベルリン大会に対抗するためにスペイン北東部の中心都市バルセロナで「人民オリンピック」を開く計画が浮上する。

バルセロナは第十一回オリンピック大会の指名争いでベルリンに敗れていたが、メインスタジアムなど競技施設も完備しており、ベルリン大会直前の一九三六年七月十九日から一週間の日程で競技会を開くことが決まった。欧米各国にはこの大会に関心を持つ人が多く、ベルリン・オリンピックに反対する選手が次々に参加を申し込んできた。もしも大会が予定どおり開催されていたら、二つの「オリンピック」が同じヨーロッパで同時進行的に開催されるという、興味津々たる光景が現出していたかもしれない。

しかし、開会式前日の七月十八日、人民オリンピックは夢と砕かれた。スペイン内戦の火蓋が切られたのである。

人民戦線（共和国）政府とドイツ・イタリア両国の支援を受けたフランコ将軍派との内戦は、二年八ヵ月余におよんだ。最終的にはフランコ将軍派の勝利で幕を閉じるが、戦闘の影響は甚大で、スペインでは経済的な疲弊状態が長期間続くことになる。

歳月が流れ、バルセロナでは一九九二年に第二十五回オリンピック大会が開催された。人民オリンピックが中止されてから、実際にバルセロナでオリンピックの聖火が燃え上がるまでには、第二次世界大戦をはさんで五十六年もの長い時間の経過を待たねばならなかった。

2　IOC会長の変心

クーベルタン、ムソリーニの支持

IOCオスロ総会の成り行きに東京市や大日本体育協会が一喜一憂していた一九三五年二月末、ジュネーブ駐在日本総領事横山正幸はピエール・ド・クーベルタンの訪問を受けていた。クーベルタンは、第二代IOC会長に在任中の一九一五年からスイスに住居を移し、そ

近代オリンピックの主唱者
ピエール・ド・クーベルタン

の後はローザンヌ名誉市民としてレマン湖畔で余生を送っていたのである。

東京市は、オスロ総会前の一九三四年十二月、一部三十二円をかけて日本全国の景勝地や文化、産業、スポーツ施設などを紹介する豪華な写真集『日本』を作成し、各国IOC委員やクーベルタンらに送達していた。クーベルタンは、それに対する謝意を東京市に伝達してもらうため総領事館を訪れたもので、横山と面談したこの老フランス人は、「(オスロ総会では)議論が分かれ、あるいは東京オリンピックの決定が遅延するかもしれないが、次回総会では必ず東京に決定するように尽力する」と、日本にとってははなはだ心強い発言をしている。

一九三五年の秋になると、イタリアから「二月会見」の約束を裏づけるニュースが飛来した。首相ベニト・ムソリーニは十月二十四日、「イタリア政府が一九四〇年の第十二回オリンピック大会のローマ開催を断念し、東京に招致したいという日本の希望を支持することに決定した」と、大使杉村陽太郎に正式に通告してきたのである。イタリアはその三週間前の十月三日、宣戦布告もなくエチオピアに約八十万の兵力を投入、侵攻を開始している。それとタイミングを合わせる形で「ローマ辞退」を通告してきたことは、自国の侵略行動に対する日本の支持または同情を多分に期待してのことであったろう。

これで東京にとっての最大の強敵は除かれたわけだが、杉村はこれに先立って五月十七日、外相広田弘毅に公電を送り、東京オリンピックの組織態勢について意見を具申している。このなかで杉村は、「ベルリン大会は、名目的にはベルリン市の主催だが実際には国家が厳然としてその背後に存在するのみならず、むしろ進んで第一線に乗り出している観がある」と指摘し、「一九四〇年ニ我国ニ『オリンピック』大会ヲ催スハ……全国青年ノ士気ヲ緊張セシムルニ効果大ナルベキハ申迄モナク、従テ之ヲ単ナル東京市又ハ日本体育協会事業トセズ、政府及軍部ニ於テモ独逸ノ例ヲ参酌シテ適当ナル指導及援助ヲ与フルコト肝要」と述べている。

杉村はＩＯＣオスロ総会からの帰途ベルリンに立ち寄り、壮大なオリンピックの開催準備に眼を見張った。そして、ベルリンに遜色のない大会を開くためには、日本も政府や軍部が主導権を握り、国家的規模で取り組むことが大切と考えた。杉村は翌年ＩＯＣ委員を辞任するが、東京オリンピックでは杉村の見解と同様の組織づくりが行われることになる。

ＩＯＣ会長・ラトゥールへの工作

ところで、オスロ総会でさんざん悩まされたローマ対策は、ムソリーニの正式辞退通告で最終的に決着したとはいえ、もうひとつの立候補都市ヘルシンキも油断のできない相手であった。かてて加えて、日本側には頭の痛い問題が残っていた。IOC会長バイエ＝ラトゥールが日本に好意を寄せていないことである。彼はもともと親日的ではなかったうえに、オスロ総会での杉村陽太郎の「政治的」行動が反感を招き、すっかりへそを曲げていた。

だが、IOC内部での会長の発言力は大きい。東京開催をより確実なものにするためには、何としてもラトゥールの支持を取りつけなければならない。とにかく、いまの日本を一度視察させることだ。そうすれば対日観も変わるかもしれない。招致関係者の間にそんな声が高まってきた。

オスロ総会でラトゥールとやりあった杉村も、五月二十二日付の副島道正あて書簡で、「(ラトゥールは) 個人としては親しむを欲せざるも、御国の為め来年迄には何とか取計ひ度しと存居候、此点 (副島) 伯爵に於かれても御考慮の程祈上候」と述べ、IOC会長ラトゥールに何らかの手を打つことが重要だと強調している。

こうした声に動かされて、ラトゥールに訪日を要請することが決定した。

まず政友会代議士星島二《ほしじまに》郎《ろう》が、七月三十日、ブリュッセル (ベルギー) の万国議員会議に出席後、ラトゥールを私邸に訪問して最初の打診をした。このときは浮世絵などをプレゼントし、「一度日本においでになりませんか」といった程度の話で終わっていたが、その後も駐日ベルギー大使館などを通じて熱心に勧誘し、翌一九三六年三月の訪日が確定する。

ラトゥール訪日の動きと招致運動の高揚を受けて、十二月十八日、文相松田《まつだ》源治《げんじ》の呼びかけにより、「第十二回国際オリムピック大会招致委員会」が発足する。会長には公爵徳川家達《とくがわいえさと》、委員に貴族院議長近衛文麿、IOC委員嘉納治五郎、副島道正、杉村陽太郎、東京市長牛塚虎太郎ら六十六人が選出され、「官民協力」による挙国的組織がようやく結成された。招致委員会がまず取り組んだのは、第十二回オリンピック大会の招致計画大綱の作成である。一九三六年三月十六日に決定した計画大綱によると、大会の総経費は競技場建設費などを含めて千五百万円。メインスタジアムとしては神宮外苑陸上競技場の敷地を拡張して十二万人収容の陸上競技場を造るほか、各競技場を新設または整備し、オリンピック村は東京市の山手地区に二千人収容の宿舎を建設することにしていた。

しかし、メインスタジアムについては、明治神宮体育会会長阪谷芳郎《さかたによしろう》が神宮外苑陸上競技場の改造は困難と発言し、東京市長牛塚虎太郎からは神宮外苑以外の場所を考慮してはどうかといった意見も出たため、場合によれば変更もあり得るという条件が付加された。オリンピックの東京開催決定後、メインスタジアムの建設問題は、組織委員会や内務省などが対立して容易に結論が出なかったが、招致段階から早くもその兆候が現れていたことになる。

一方、大日本体育協会は招致運動と並行してベルリン大会への参加準備を促進するため、現地での諸連絡を担当するオリンピック・アタッシェを在ドイツ日本大使館付武官大島浩《おおしまひろし》陸軍少将に委嘱した。大島は当時、ナチス党の外交担当者で駐英大使のリッベントロップを相手に日独防共協定の締結交渉を進めていたが、アタッシェ就任を機会に、一九三六年一月初旬、ベルリン大会組織委員会会長テオドル・レヴァルトと懇談している。

在ドイツ臨時代理大使井上庚二郎《いのうえこうじろう》が一月九日に外務省に送った公電によると、この会談でレヴァルトは、「ローマが立候補を撤回したこととフィンランドは小国なるがゆえに、次期オリンピックの東京開催はほとんど間違いない。日本での開催に好意的でないと一時つたえられたIOC会長ラトゥール伯も、最近やっと誤解を解き、訪日の意向を示しているので、そちらから障害が起きることもないだろう」と語った。

ラトゥールが「誤解を解いた」、つまり「反日的姿勢」を転換したということは、事実とすれば日本にとって願ってもない朗報である。

ラトゥールの態度変更を知らせる別の情報が、在ジュネーブ総領事横山正幸の一月十四日付書簡で外務省にもたらされた。ラトゥールがオリンピックの東京開催に賛成した、とのクーベルタンの書信を受領したというのである。

横山によると、クーベルタンは、「説得をかさねた結果、最初は東京開催に反対だった私の後継者（ラトゥール）もいまでは完全に同意した。訪日を機に、ラトゥールは必ずや日本の熱意、準備状況などを了解し、開催地決定の投票を日本に有利に導くものと確信する」と述べ、第十二回大会の東京開催に事実上「青信号」が点灯したことを強調していた。

これらの公電や書簡から判断すると、IOC会長ラトゥールは、どうやら一九三五年十二月ごろ、従来のわだかまりを捨てて東京開催支持へと方向転換したようにみえる。

理由は推測するしかないが、クーベルタンの説得に心を動かされたとはいえ、それだけで「反東京」の気持ちが一気に解消するものでもあるまい。

こんな解釈もある。

オリンピック・アタッシェ大島浩が日独防共協定の日本側交渉担当者だったことと、日本の国際連盟脱退以来ヒトラーが対日接近に熱心だったこと――この二つの事実が作用することで、ラトゥールの対日観に変化を生じさせたのではないか、というものである。つまり、陸軍武官大島浩はオリンピック・アタッシェ就任を機会に、組織委員会会長テオドル・レヴァルトだけでなく、日独防共協定交渉などを通じて個人的に親しかった総統アドルフ・ヒトラーにも、東京開催への協力を依頼する。ヒトラーは日本に恩を売って日独の提携強化を促進するため、ラトゥールに圧力をかけて「針路変更」をうながした、とみているわけだ。

ヒトラーは、その後も再三にわたって小国ベルギー出身のラトゥールに「東京支持」を要求し、そのことが東京オリンピックの実現に結びついたと推理するのだが、既述の磯村英一に対するラトゥールの発言と照合しても、この見方は案外に的を射ているかもしれない。

二・二六事件

そのラトゥール来日をひかえた一九三六年二月二十六日、陸軍の皇道派青年将校らが国家改造、統制派打倒をめざして蜂起し（二・二六事件）、首相岡田啓介と誤認された義弟の陸軍大佐松尾伝蔵《まつおでんぞう》が射殺されたほか、蔵相高橋是清《たかはしこれきよ》、内大臣斎藤実《さいとうまこと》、教育総監渡辺錠太郎《わたなべじょうたろう》が殺害され、侍従長鈴木貫太郎《すずきかんたろう》が重傷を負った。

事件以後、国務に対する軍部の発言権は強化された。とくに注目されたのは、軍部大臣は現役の大将・中将でなければならないとする制度（軍部大臣現役武官制）が復活したことで、これにより内閣の命運は軍部に握られることになる。

二・二六事件で岡田内閣が倒れたあと、三月五日、前外相広田弘毅に組閣の大命が下った。広田は外相候補に「自由主義者」吉田茂《よしだしげる》を起用し、朝日新聞社副社長下村宏らの入閣も予定したが、陸相候補寺内寿一《てらうちひさいち》大将をはじめとする陸軍の横槍で、吉田、下村らは閣僚リストからはずされる。当初、文相候補だった元東京市長永田秀次郎は、植民地行政などを受け持つ拓務大臣のポストが割り当てられ、もはや自身が提唱した「紀元二千六百年」のオリンピックとは何の関係もなくなっていた。

そのころヨーロッパでは、米国の「ユダヤ人迫害反対」とは異なる理由で、ベルリン・オリンピックのボイコット運動が発生しようとしていた。

ことの起こりは、三月七日にドイツ軍がラインラント進駐を開始したことである。ラインラントは、フランス・ベルギー国境に沿うライン川両岸の地域で、ケルン、デュッセルドルフ、ボンなどの都市が包含され、ドイツ経済の心臓部だったが、第一次大戦後はヴェルサイユ条約により非武装地帯となっていた。失地回復を狙っていたヒトラーは、その手始めとしてラインラントに武力進駐し、これでヴェルサイユ体制は崩壊する。

ドイツ軍の進駐に対し、フランス政府はラインラントの集団安全保障体制を取り決めた「ロカルノ条約」違反だと強く抗議し、報復手段のひとつとしてベルリン大会ボイコットを叫んだ。フランス体育協会会長ジュール・リメーも、「ラインラント」はスポーツ界としても無関心ではいられない、現情勢ではベルリン大会参加は問題外と語り、ボイコットの火の手が広がるかにみえた。だが、「ロカルノ条約」の有力メンバーでフランスが頼みとする英国は、ラインラント問題ではドイツと戦う気がなく、逆にフランスに報復断念を説得した。そのまま日が過ぎているうちに、五月三日、フランスの総選挙で野党の人民戦線派が大勝し、ボイコットの動きは消し飛んでしまう。

ラトゥール会長の来日

二・二六事件がＩＯＣ会長の来日に影響を与えるのではないかと日本の招致関係者の気をもませたが、ラトゥールは予定どおりやってきた。

米国経由で日本に向かったラトゥールは、事件から約一ヵ月後の三月十九日、横浜入港の秩父丸で来朝した。岸壁には横浜市内の小学生一千人が日章旗やベルギー国旗、オリンピック旗を振って出迎えた。ラトゥールは子どもたちの童顔を見て気持ちがなごんだのか、その日の夕方、上機嫌で戒厳令下の東京に到着する。東京駅には市長牛塚虎太郎、ＩＯＣ委員嘉

来日したラトゥールIOC会長と歓談する牛塚虎太郎（手前）と嘉納治五郎

納治五郎、体協副会長平沼亮三ら多数がつめかけ、列車がプラットホームにすべり込むと、口々に「ラトゥール伯万歳！」と叫んで遠来のＩＯＣ会長を歓迎した。

ラトゥールは四月九日までの二十二日間日本に滞在し、競技施設の見学だけでなく、小学校の授業参観や、競馬、歌舞伎、帝展、デパート見物など盛り沢山のスケジュールをこなした。京都、奈良、大阪も見物し、日光の東照宮も訪れている。

ラトゥールに対する日本の最大級の歓迎ぶりは、ときには異常とも思えるほどであった。来日四日目の三月二十二日、体協はオスロ総会以来ラトゥールが好感を抱いていない杉村陽太郎に代えて、オリンピック招致委員会会長の公爵徳川家達をＩＯＣ委員に推薦することを決める。伯爵ラトゥールは宮中にも招かれ、オリンピックについての「優渥《ゆうあく》なるご下問に奉答」し、高松宮家にも招待された。

すっかり気をよくしたラトゥールは、離日三日前の四月六日、日本滞在の感想として、「神宮競技場をはじめ日本の競技施設は完全であり、国民のオリンピックに対する熱意も高い。ヨーロッパからの距離が遠く、遠征に時間を要するのが欠点だが、これはオーストラリアや南米も同様でやむを得ないことだ」と、きわめて好意的な談話を新聞に発表し、最後にこんな言葉で締めくくっている。

「爾後《じご》はすべての裏面工作を排し……IOC委員会の決定を静かに待つべきであらう」

ローマやオスロでの杉村陽太郎の行動を意識したような発言だが、要するに「万事心得たからIOC委員の神経を逆なでするような余計な運動は慎め」と念を押したのだろう。

離日に先立ちラトゥールは、体協副会長平沼亮三と東京開催に関する覚書を交換した。この覚書は、
一、役員選手に対する遠征補助金は、東京市が決定した百万円に五十万円を上乗せして百五十万円とすること。
二、組織委員会は、IOCが任命する技術顧問を採用すること。
三、東京滞在中の各選手の食費、宿泊費は一日につき二ドルを超えないこと。
四、大会中および開会式前十五日間は、国際競技連盟役員に一日五ドル支給を保証すること。
など、きわめて具体的な内容となっている。新聞発表の感想談と引き合わせると、ラトゥールはこの時点で第十二回大会の東京開催をほぼ予想していたと推量できる。

IOC委員を辞任することになったイタリア駐在大使杉村陽太郎は、五月十四日、再び副島道正にあててペンを走らせた。

「二・二六事件以来人生急に暗くなり、ギリシャやスペイン等の同僚より自国の軍隊騒動と同一視され、『目下流行なれば致方なし』など慰めらるるには断腸の想を禁ずる能はず」

鬱々たる気分だったが、ラトゥール訪日が成果をあげたことは杉村にとっても大きな喜びであった。

「（ラトゥール）伯も愈《いよいよ》一九四〇年東京案に賛成の決意を以て（日本を）出立したる趣、而して此程巴里（パリ）にて我国スポーツの発達、各（競技）団体の組織の完全、競技施設の完備を称揚し断然東京説を支持する旨声明したること誠に御同慶の至……米のシェリル将軍（IOC委員）も日本案動きなしと過日申居候様の次第にて、再びオスロの紛糾を見るが如きことなかるべきは明瞭なれば毫《ごう》も不安の要なしと存居候」

二・二六事件で東京に施行された戒厳令は七月十七日まで解除されず、人びとは暗い不安な日々を送っていた。ただひとつ心をはずませたものは、「紀元二千六百年」のオリンピックが東京に来るかもしれないという期待感だけであった。

3　東京招致に成功

「満州国」は参加できるのか

滞日中は終始なごやかな表情を浮かべていたラトゥールだが、新聞記者とのインタビューで顔をしかめたことがあった。

「オリンピックが東京で開かれた場合、満州国は参加できるのか」と質問された時である。「満州国問題は政治に関係することなので、いっさい触れたくない」と、ラトゥールは逃げていたが、離日するころになると、「時期が到来すれば参加の可能性が出てくるかもしれない。今回は時間がないが、適当な機会があれば満州国を視察してもよい」と述べている。

多分に外交辞令的発言とも思えるが、満州国内には、同国の参加が認められないような東京オリンピックであれば、日本は開催を拒否すべしという強硬論が存在していた。

満州国の国民体育同志会代表奥勝久は、一九三五年五月二十三日、当時の外相広田弘毅に『オリンピック東京招致反対運動趣意書』を提出している。

反対理由を要約すると、

「国際連盟が承認していない満州国は、オリンピック憲章（当時）により大会参加が不可能であり、もし満州国が参加を希望しても組織委員会は拒否せざるを得ない。このことは満州国の否認につながる。日本が満州国の独立のため国運を賭してやってきたことを考えれば、いかに国際的平和事業とはいえ、国家の方針と反対の決定をすることは許されない。したがって、東京にオリンピックを招致するのであれば、日本は満州国を大会に参加させるためにあらゆる手段を講じるべきであり、どうしても参加が困難であれば、今回はいさぎよく招致を断念して、大会をローマに返還すべきである」ということになる。

一方、この『趣意書』提出の八日後、五月三十一日、関東軍は参謀長名で陸軍参謀次長あてに意見書を打電し、「最近各方面に配付された『東京招致反対』のパンフレットについて、満州国政府と体育連盟関係者はまったく関知していない」と述べたうえで、次のように両者の見解を紹介し、関東軍もこれに同意していると付記している。

「満州国ノ体育ハ国民体育ヲ目的トシ、『オリンピック』参加ノ如キヲ目的トセス、又満州国体育ノ現状ハ未タ『オリンピック』参加ノ実力ヲ有セス寧《むし》ロ不参加ヲ適当ト認ム。

右ノ如キ理由ニ基キ、日本ノ『オリンピック』招致運動ニ干与スルコトナク専《もっぱ》ラ満州国体育ノ実力充実ヲ期ス」

だが、実際に東京オリンピックが開催され、しかも満州国が大会に参加不能の事態が生起すれば、はたして関東軍がいうように「不参加ヲ適当ト認ム」といって恬淡《てんたん》としていられたかどうか。

満州で陸上競技の発展に努めた岡部平太《おかべへいた》は、東京オリンピックの中止決定後、「東京大会の放棄返上の内報は関東軍参謀副長の石原莞爾《いしはらかんじ》に聞かされていたので、格別驚きもしなかった」と述懐している。とすると、関東軍は、少なくとも東京オリンピックに相当な関心を抱き、情報を収集していたらしいことが推知されるわけで、満州国内部で東京大会参加論が沸騰した場合、「われ関せず」の中立的立場を貫徹していたかどうかは疑問である。そして、満州国側が参加を強硬に主張し、関東軍がそれをバックアップする事態にでもなれば、第十回極東選手権とは比較にならぬほどの大混乱をきたすことが必至であった。

日本陸上競技連盟理事浅野均一《あさのきんいち》は『文藝春秋』（一九三六年六月号）にこう書いている。

「東京開催について重大なる問題がある。それは、友邦満洲国のオリンピック参加問題がある……（東京大会の開催が予定される）四年後の我国の国際関係を考ふるとき現在より、より以上国際的孤立となるのではないであらうか。其時果して満洲国の参加を各国が欣然之を迎ふるであらうか。かかる状勢のもとによりオリンピックが東京に招致開催されたとしても友邦満洲国をネグレクトしていいものであらうか……余程しっかりした用意と覚悟がなくてはならないものと思ふ」

突如ロンドンが立候補

日本では、しかし、満州国問題にはあまり注意が払われず、招致関係者の眼はひたすらベルリンに向けられていた。

ＩＯＣ委員副島道正は、六月四日、「オリンピックを頼む」という大声援を背中に受けて東京駅を出発し、横浜出港の日枝丸《ひえ》で渡欧の途につく。

副島が出発する半月ほど前の五月十八日、東京荒川区尾久《おぐ》の待合で愛人の男性を殺害、下腹部を切断して逃亡する「阿部定《あべさだ》事件」が起こる。世間の耳目はこの事件に集中したが、犯人阿部定が逮捕されると、人びとの関心はふたたびオリンピックへと移行していた。

嘉納治五郎も六月二十三日に東京を出発したが、七十五歳の老IOC委員の表情は憂色につつまれていた。第十二回オリンピック大会の開催地はローマの正式辞退により東京とヘルシンキの一騎討ちが予想され、日本側は「東京有利」と踏んでいたのだが、嘉納の出発前日になって、この二都市に割り込む形で突如ロンドンが立候補を表明したからである。

ロンドンは一九〇八年の第四回大会を開催していたが、ヨーロッパ諸国に近接しているなど有利な条件を具備しており、ヘルシンキ以上の強敵であった。日本は驚愕し、外相有田《ありた》八《はち》郎《ろう》は六月二十三日、ロンドンの日本大使館に急電を発した。

「(ロンドン立候補の報に) 我カ招致委員会側モ大イニ憂慮シ居ル処、右ハ事実ナリヤ英国委員会ハ本腰ヲ入レ居ル次第ナリヤ御取調ノ上至急回電相成度」

なにがなし日本側の狼狽ぶりを感得させるような電文だが、三日後に届いた駐英大使吉田茂の返電は、「(英国オリンピック委員会名誉主事ハンターは) 本運動ハ久シキ以前ヨリ継続セラレ、最近予算等ノ見込モ付キタルヲ以テ愈招請状ヲ発シタル次第ニテ、倫敦 (ロンドン) カ二回目ナリト云フモ巴里 (パリ) ノ前例モアリ決シテ一時ノ思付ニアラス、極メテ真剣ナリト述ヘ……」というもので、日本の悲観論を一段と増幅させかねない内容であった。

七月十三日、米国経由でロンドンに到着した副島道正はさっそくロンドン市長バーシー・ビンセントに面会し、立候補の撤回を迫った。が、ビンセントは気の毒そうな表情を見せながらも、「大会の招待状を書いたペンがまだ乾かないうちに、立候補を取り下げるのは難しい」と答えるのみであった。英国に知己の多い副島は、オリンピック関係者などに会って説得に努力したが、情勢はいっこうに好転せず、七月十六日付ロンドン発同盟通信電は、「（ロンドンの立候補により）英自治領の東京支持も非常に困難の模様で、現在の所では……俄然（漁夫の利を占める）ヘルシンキが優勢を示し形勢は東京に不利である」と伝えた。

苦戦を続ける副島道正に助け舟を出したのは、IOC会長バイエ＝ラトゥールである。急遽ロンドンに飛来したラトゥールは、オリンピックをアジアで初めて開催するのは意義深いことだと述べ、あらためて「東京支持」を明言した。オスロ総会では日本側の言動に不快感を示したラトゥールだが、三月の訪日を経て「東京開催」へと傾斜を深め、このときも副島の肩を持ってくれたのである。

ラトゥールの言葉に、英国オリンピック委員会会長ロード・アバーデアも方針を変更した。「ベルリンのIOC総会では、英国は日本の不利になるような行動はとらない」と断言し、副島は「英国の紳士的態度に感激した」と謝意を表明して、ベルリンに向かった。

副島や嘉納以外のオリンピック招致団は、そのころ、船便より時間のかからないシベリア鉄道経由でベルリンをめざしていた。

そのひとり、東京市文書課調査掛掛長磯村英一は、市長牛塚虎太郎の指示で黄金づくりの太刀《たち》と紋付羽織袴《はおりはかま》一式を携行し、あわただしく東京を発った。太刀はIOC会長バイエ＝ラトゥール、紋付羽織袴はドイツの独裁者アドルフ・ヒトラーへのみやげである。だが、満ソ国境の満州里《マンチユリー》でシベリア鉄道に乗り換えようとしたところ、ソ連側の税関検査で黄金づくりの太刀が「武器」と認定され、没収の憂き目にあいそうになった。武器ではなく美術品だと抗弁しても、ソ連の係官は「ニエット(否)」と首を横に振るのみである。

このままではベルリン出張の意義は大半が失われ、市長にも合わせる顔がない。磯村は思案に暮れたが、幸運にも満州里の日本領事館に学生時代の友人が勤務していた。その友人の機転で太刀は外交用品扱いとなり、モスクワ、ベルリンの両大使館経由で無事送り届けることができた。

日本側招致スタッフの説明を聞くヒトラー

ベルリンに到着した磯村は、日本の国会、東京市会議員団とともに総統官邸でヒトラーと会見した。意外だったのは、ヒトラーが小柄で女性的な容姿だったことである。「男装した女性スターのイメージ」で、ヒトラーは人前に出るときは化粧をするという噂は真実らしく思われた。もうひとつ磯村が驚いたのは、ヒトラーと握手したとき、その手が冷血動物のように非常に冷たかったことである。「いったい、この男は生きているのか」と、一瞬疑いたくなるほどであった。

磯村は東京市長代理として型どおりのあいさつをしたあと、東京オリンピックの実現にご支援、ご協力をお願いしますという市長牛塚虎太郎のメッセージを読みあげた。ヒトラーは表情をあまり変えず、言葉少なに「東京市長の意向は了解した」と答え、磯村が日本から持参した紋付羽織袴一式をヒトラーに贈呈して会見は終わった。ラトゥールにはIOC総会前と総会後の二回会ったが、東京開催決定後に面会したとき、「ヒトラーに感謝せよ」と言われたのは既述のとおりである。

IOCベルリン総会

ついに東京に決定

一九三六年七月二十九日、IOC総会の開会式がベルリン大学大講堂で行われ、ナチス副総統ルドルフ・ヘスがヒトラーの祝辞を代読後、ドイツ体育長官チャンマー・ウント・オステンが、「スポーツの気高い炎を守り通してきたIOCに最大限の敬意を払いたい」と、お世辞に満ちた歓迎の辞を述べた。

七月三十日、総会はウンター・デン・リンデン通りに面する豪華ホテル、アドロンの「鏡の間」で続開され、席上、英国委員ロード・アバーデアは、ロンドンが総会直前に名乗りをあげたのはオリンピック精神に反するとして立候補を撤回、英国は一九四四年の大会にあらためて申し込むと通告した。つづいて嘉納治五郎が東京開催の意義を強調し、副島道正が「オリンピックの理想は第十二回大会を東京で開くことで全アジアに広まるだろう」と述べた。会長ラトゥールも訪日の印象として、日本ではオリンピック精神が国民に浸透している、と日本に好意的な発言をする。

第十二回オリンピック大会の開催地を選出するIOC委員の投票は、会議三日目、七月三十一日に行われた。投票総数六十三票の内訳は、東京三十六、ヘルシンキ二十七。嘉納は六票差くらいで東京勝利を予想していたというが、実際には九票の差がついた。

東京がこれだけの票を集めたことは、いま考えても驚きでさえある。この総会を取材した日本放送協会のアナウンサー山本照《やまもとてる》によると、ホテル・アドロンにつめかけていたフィンランドの報道陣はヘルシンキの勝利を確信していたというが、そう思っても決しておかしくはない状況であった。なぜなら、日本は三年前に国際連盟を脱退し、国際社会に背を向ける孤児と化していた。国際航空路がなかった当時、ヨーロッパから日本に出かけるのは往復だけで最低一ヵ月は覚悟せねばならず、さらに日本の夏の猛暑と湿気は外国選手には耐えがたいとされていた。どうみても、日本に有利な材料は少なかったのである。

嘉納治五郎、副島道正の両IOC委員が獅子奮迅の活躍をし、日本の在外公館が各国政府に熱心に働きかけたとしても、そこにはおのずから限界があったはずだ。ヘルシンキをくだすためには、日本側の努力以外に、ヒトラーが動き、ラトゥールが動かねばならなかった。その結果の集大成としての「東京決定」だったのである。

大別すれば、ヘルシンキには小国のＩＯＣ委員が票を投じ、米英など大国の多くは東京を支持した。ドイツはむろんだが、イタリアもきたるべき日独伊の枢軸関係を予期するかのように、日本に投票している。

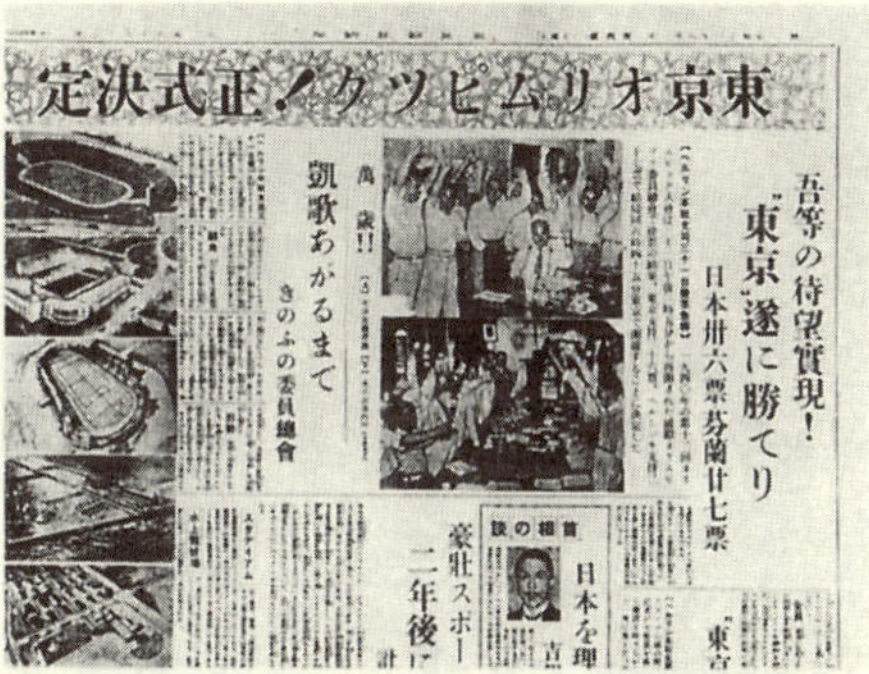
東京オリムピック！正式決定
吾等の待望實現！
“東京”遂に勝てり
日本卅六票　芬蘭廿七票
萬歳!!
凱歌あがるまで
きのふの委員總會

オリンピックの東京開催決定を伝える新聞記事（東京朝日新聞・1936年8月1日）

東京では市長牛塚虎太郎が「多年の宿望を達成した」と喜色満面で語り、三日三晩徹夜でがんばり通した市設案内所長清水照男らは、滂沱《ぼうだ》と流れる涙をぬぐおうともせず、乾杯を繰り返し、万歳を繰り返していた。一九三〇年に第十四代東京市長永田秀次郎がオリンピック招致を決意してから、わずか六年で開催決定というオリンピック史上でも異例のスピード「勝利」であった。

新聞各紙はオリンピックの東京開催を最大級の見出しで特報した。「スポーツ精神の華、歴史的な劇的感激編」「勝った！　日本晴れだ、明治神宮に御礼参拝」（『東京朝日新聞』）、「果然!!　東京に凱歌」「極東に飜る初の五輪旗」（『東京日日新聞』）、「聖火・五輪の旗日本に来る！」「おお今ぞオリムピックは我等の手に！」（『読売新聞』）。

開催決定の報に日本中がわき返り、東京市では八月三日から三日間、花火の打ち上げや講演、音楽会などの祝賀祭が繰り広げられた。首相広田弘毅は、「これは世界各国の我国に対する正しき理解の結果と解され、一層本懐の至り」との談話を発表している。

十日ほど前、キス釣りから帰る途中に溺れる少年を救助し、社会面記事を賑わせたばかりの拓相永田秀次郎も、「じつに愉快だ」と新聞記者に語り、東京市長時代にかわいがった清水照男には、大会招致に苦労をかけたと、オリンピック・マーク入りのスイス製時計をプレゼントしている。

ベルリンからは「東京決定」を告げる日本向けのラジオ放送が行われたが、副島道正は感動のあまり声が出ず、マイクロホンの前で泣いた。そして、「日本は世界のこの信頼に背かず、一九四〇年の大会を意義あらしめねばならない。イタリーといひ英国といひ、譲るべきは潔く譲るといふ精神を日本も学ばねばならない」と語り、嘉納治五郎は、「思ひがけない大勝だった。二十四年前に金栗《かなぐり》、三島《みしま》の二選手を連れてストックホルムに行った時は、まるで勝海舟《かつかいしゅう》が渡米した時の様な気持ちだった。東京での開催は、オリンピックが真に世界的なものになると同時に、日本の真の姿を外国に知ってもらうことができるので、二重に嬉しい」と語った。

山川均、戸坂潤の懸念

しかし、「紀元二千六百年」のオリンピックには、開催決定の当初から、しのびよる国家の影を懸念する声もあった。

社会主義理論家の山川均《やまかわひとし》は、『文藝春秋』（一九三六年九月号）の社会時評「国際スポーツの明朗と不明朗」で、東京オリンピックに鋭く迫っている。

山川はまず「人間精力の純粋な浪費であり、その追求する目的が何にもならぬといふ意味で完全に無価値なところにスポーツの価値があるといってもいい」と述べ、「私もまた、かういふものとしてのスポーツの本能をもってをり、またスポーツの愛好者なのだ」と、スポーツの肯定的側面に言及している。

しかし、「と同時に――であるからまた」と山川は続ける。

「それが人生にしろ社会にしろ天下国家にしろ、それらのものにとって如何に重要であり有益であり有意義であらうとも、いやしくもそういふものの考慮がひとたび這入ってくると、スポーツはその瞬間から単なるスポーツではなくなってしまふ。即ちスポーツは、無意義といふ意義を失ひ、無価値といふ価値を失ひ……スポーツの純粋性または純真性は失はれたことになる」

そして、オリンピック招致に成功したのは「日本国民の偉大さと国力が認められた結果で

ある」とのスポーツ関係者の言葉をとらえ、

「(それは) 日本の『国力』と『国民の偉大さ』が、世界有数の小国芬蘭(フィンランド)より少しばかり——即ち九票だけ——大きかったといふこと、そしてそれさへも、開票のぎはまで、それを確信するだけの自信は誰にもなかったといふこと、そしてこれが日本国家と国民の『無限絶大の誇負』なんだといふことが含まれてゐる」

では、オリンピックとはいかなるものか。

「オリムピックはスポーツの舞台ではなくて、それ以上に、国際政治の舞台だといふことが含まれてゐる。オリムピック参加の究極の目標は、幅跳の広さにおいて、高跳の高さにおいて……他国に勝つことではなくて——少なくとも勝つことだけではなくて——世界列国をして国家の実力と国民の偉大さを承認させ、国威を宣揚し、国際的地位を高めることにあるのだから、『東京オリムピックの実現に漕ぎつけて日本の国際的地位を一段と高めた平和の勇士』は、たとへば日本海海戦に敵艦を追ひつめて日本の国際的地位を一段と高めた戦場の勇士と本質においては違ったところはない」

山川は「紀元二千六百年」のオリンピックの持つ本質的な問題点をこう剔出《てきしゅつ》した。

哲学者の戸坂潤《とさかじゅん》も『エコノミスト』(一九三六年九月十一日号)で、「単にスポーツといふなかれ、またスポーツマンシップの話だと思ふなかれ。これは一個の国際的政治現象に他ならないのだ。東京決定に就いて、お祭り騒ぎをするのもよいし、しないのもよいが、とに角吾々はこの点を胸にたたんでおいてかかる必要があると思ふ」と書いている。東京オリンピックはベルリン大会を契機として国策や国際政治と無縁でなくなっていたし、東京オリンピックも、まさしく同じ道を歩もうとしていた。二・二六事件後、専横の目立ってきた軍部がこのオリンピックをどうみるのか。国家主義的色彩を強めている日本と、平和的、国際的なオリンピックがはたして両立するのか。東京オリンピックの開催決定は、山川均がいうところの「明朗性」に富んだニュースだったが、と同時に、その裏にひそむ「不明朗性」に気づいた人も少なくなかったはずである。

4　ナチス・オリンピック

壮大な開会式

東京オリンピック開催決定の翌日、一九三六年八月一日、ベルリンは第十一回オリンピック大会の開幕を迎える。

この日のベルリンは曇天だったが、十万人を収容できる大スタジアムは朝から満員の観衆で埋まっていた。午後二時、銀色の巨大飛行船ヒンデンブルク号がオリンピック旗をなびかせながらメインスタジアム上空に飛来し、大会気分を盛り上げた。午後四時、アドルフ・ヒトラーがスタジアムに到着し、華麗な開会式が始まる。

10万人収容のベルリン大会メインスタジアム

「いよいよ世界待望の第十一回オリンピック大会は、ここドイツ、ベルリンの地に盛んな開会式をあげるのであります。折からヒトラー塔よりいんいんとして鳴り渡るオリンピックの鐘は、世界若人の血をそそり、力を誘うがごとく、ベルリンの大空に流れ渡ります。いまや大喚声と拍手のうちに、参加五十三ヵ国の入場式は、いま、見るも華やかにつづけられています」

ロサンゼルス大会に続いてオリンピックに特派された日本放送協会のアナウンサー河西三省《かさいみつみ》が、メインスタンド上段の放送席からマイクロホンに向かって声を張りあげた。

日本がこの大会に送り込んだデレゲーションは、選手百七十九人、役員七十人の合計二百四十九人。前回ロサンゼルス大会を五十七人も上回っており、参加競技も陸上、水泳、サッカー、ホッケー、ボート、体操、バスケットボール、ヨット、レスリング、馬術、ボクシングの十一競技に増加している。最大規模の選手団を派遣したのは、オリンピックの東京招致をひかえ、この「国際スポーツの祭典」にかける日本の熱意と関心の高さを各国に認識させるとともに、ロサンゼルス大会に匹敵する好成績をおさめて、その実力を内外に誇示することを狙ったものである。

だが、ロサンゼルス・オリンピック後の四年間で、日本のスポーツ界を取り巻く環境は大きく変化していた。日本選手団の出発に先立ち、五月三十一日、体協専務理事大島又彦《おおしままたひこ》陸軍中将は、ラジオ放送番組「日本代表を送る」に出演し、次のように述べている。

「回を重ぬること数回ならずして我国の技能が長足の進歩発達を見たるは何故でありませうか……私は之を日本精神の発露が然らしめたと云ひたいのであります。即《すなわち》君国の名誉の為めなら身命を賭しても戦ふのである。斃《たお》れて後已《や》むのであると云ふ意気の選手は、入りては真摯剛健なる訓練の人となり、出でては喜んで君の御馬前に斃れると云ふ覚悟を以て進んでこそ、百鍛の鉄となり又万朶《ばんだ》の桜となるのではないでせうか。

噫此《ああ》の日本精神、この精神の矜持《きょうじ》は寸時も忘れぬ又離さないと云ふことを祈って已まぬ次第であります」

これをロサンゼルス大会のときと比べてみよう。以下は、オリンピックの意義について、当時の体協会長岸清一が、『アスレチックス』（一九三二年三月号）に記した一文である。

「現代のオリムピックは、世界の青年の元気と体力とを発揚向上せしめ又国際親善と世界平和に偉大なる貢献を為しつつある。オリムピック大会に於ては、平等なる機会の下に、フェアプレーの精神を以って、武士道的の競技が行はれる……オリムピック事業は、世界の文明国が、文化的目的に向かっての共同事業である。各国は之に参加して、其の最高の目的への向上に夫々《それぞれ》寄与する国家的義務を負ふて居るのである。其は文明国のみが負ふてゐる光栄あ

戦闘帽をかぶって入場行進する日本選手団

る義務であり特権である」

二人の所論を比較すると、日本の軍国主義化にともない、わずか四年間でスポーツ界も「面舵《おもかじ》」へと急転回したことがわかる。

スポーツ界の右傾化を象徴するかのように、ベルリン大会に参加した日本代表選手団は、灰色のズボン、紺のブレザーに戦闘帽姿で開会式の入場行進に臨んだ。巨大なスタンドから俯瞰すると、まるでドブネズミの集団のように見えた。

河西とともに放送席にいた山本照は、周囲に陣取っていたドイツ人観客が、その姿を見て拍手をやめ、げんなりとした表情を浮かべているのを眼にして、自身も気がめいってしまった。日本選手団はスタンド中央の貴賓席前を通過する際、「頭、右!」の日本式敬礼をしたが、これもドイツ人にはいたって評判が悪かった。派手なポーズで表敬の意を表す国が多かったのに対し、動作の目立たない日本チームは、「われらが総統ヒトラー」に何の敬意も払わなかったように映ったからである。

各国選手団のしんがりとして、白ずくめの服装の地元ドイツが大喝采を浴びて入場後、静

1936年ベルリン・オリンピックの開会を宣言するヒトラー

寂をとり戻した場内に男爵ピエール・ド・クーベルタンの声がスピーカーから流れた。「オリンピックにおいて最も重要なことは、勝つことではなく参加することである。人生で最も大切なことは、成功することでなく努力することである」

つづいてヒトラーが「第十一回近代オリンピアードを祝し、ベルリン・オリンピックの開会を宣言する」と手短かに叫び、祝砲が鳴り、二万羽の鳩が空に舞い上がった。リヒャルト・シュトラウスが作曲し、みずからタクトを振る『オリンピック讃歌』の演奏が終わると、右手に聖火を掲げた亜麻色の髪の若者がスタジアムのゲートに姿を現した。七月二十日にオリンピアの神殿跡で採火後、七ヵ国三千七十五キロを一人一キロずつ合計三千七十五人の手でリレーされ、無事ベルリンに到着した聖火の最終ランナーである。

聖火台に赤々と炎があがり大会気分が最高潮に達したとき、一人の老人がヒトラーに近づいた。第一回アテネ大会のマラソンで優勝したギリシャの英雄スピリドン・ルイスである。ルイスはオリンピアの森から採取したオリーブの小枝をヒトラーに捧げ、「過去と未来が手を握る」セレモニーを演じた。最後に選手宣誓があり、合唱隊がヘンデルの『ハレルヤ』を荘重に歌いあげ、約二時間の開会式は終わった。

歓待される日本人

ベルリン・オリンピックでは、日本放送協会が初の実況ナマ中継に踏み切り、新聞各社は作家を特派して観戦記を書かせた。開会式に感激した武者小路《むしやのこうじ》実篤《さねあつ》は、「四年後に我等は東京に於て日本人らしくこの祝典を行って、我等国民の行動力を示したいものだ」と、『東京朝日新聞』に手記を寄せている。

遠距離写真電送も実用化され、汽船と航空機でフィルムを輸送したロサンゼルス大会より大幅にスピードアップしたが、肝心の写真はぼんやりと人影が写っている程度であった。このため、第一報として送信されてきた開会式の電送写真では、貴賓席のＩＯＣ会長ラトゥールを別人と誤認したり、ナチス党制服のヒトラーに加筆してモーニングを着せ、遅版であわてて訂正した新聞もあった。

開会式で不評を買ったとはいえ、もともと日本人は開幕前からドイツで大歓迎を受けていた。放送スタッフの河西三省、山本照らがキャバレーのドアをくぐると、楽団は『君が代』を演奏し、ドイツ人の客は二人に向かい総立ちで「ハイル・ヒトラー」とあいさつする。タクシーの運転手が日の丸の小旗を欲しがるので、理由をたずねると、日の丸を車体に立てておけば、スピードをいくら出しても警官に捕まらないという返事であった。日本人が歓待されたのはヒトラーの意向によるものではなかったか、と山本は推測している。

元来、ヒトラーは日本人には決して好意的ではなく、人種的にも低位の存在とみなしていた。『わが闘争』では、既述のように、一貫してアーリア人種＝ドイツ民族の優秀性とユダヤ人に対する憎悪が強調されているが、そのなかの第一部第十一章「民族と人種」に、アーリア人種と日本人を対比した記述がある。

「もし、人類を文化創造者、文化支持者、文化破壊者の三種類に分けるとすれば、第一のものの代表者として、おそらくアーリア人種だけが問題となるに違いなかろう。すべての人間の創造物の基礎や周壁はかれらによって作られており、ただ外面的な形や色だけが、個々の民族のその時々にもつ特徴によって、決定されているにすぎない……日本は多くの人々がそう思っているように、自分の文化にヨーロッパの技術をつけ加えたのではなく、ヨーロッパの科学と技術が日本の特性によって装飾されたのだ……日本文化が……生活の色彩を限定しているにしても……それはヨーロッパやアメリカの、したがってアーリア民族の強力な科学・技術的労作なのである……ただ表面的な包装だけが、徐々に日本人の存在様式に調和させられたに過ぎない」

ヒトラーは、もしヨーロッパと米国が滅亡して「アーリア人の影響」がなくなったら、日本の科学と技術は「泉は水がかれ」、文化は「硬直」し、「七十年前にアーリア文化の大波に

陸上4種目を制したジェシー・オーエンス（左端）

よって破られた眠りに再び落ちてゆくだろう」と説き、「このような人種は、おそらく『文化支持的』と呼ばれうるが、けっして『文化創造的』と呼ばれることはできない」ときめつけている。

　このような極端な人種偏見主義者ヒトラーが、日本人を厚遇し、日本との関係を重視したのは、反共・反ソ連の共通政策をとる日独両国の接近に多大の期待をかけたからであり、それゆえにこそ、オリンピック東京招致の実現にも最大限の協力を惜しまなかったのである。

　ヒトラーの努力は、ベルリン・オリンピックから三ヵ月後の十一月二十五日、日独防共協定となって結実し、さらに一九四〇年九月には日独伊三国同盟へと発展することになる。

日本選手の明暗

　ベルリン大会は、開会式翌日、八月二日から各競技が開始されたが、陸上競技の最大の主役はジェシー・オーエンス（米国）であった。オーエンスは、百メートル、二百メートル、四百メートル・リレー、走り幅跳びの四種目に優勝した。力みのない流麗なフォームは大観

三段跳び優勝の田島直人

衆を魅了し、オーエンスと走り幅跳びを闘って三位に入賞した田島直人《たじまなおと》は、「人間がこんなに美しい姿で走れるとは」と嘆声をあげた。

日本選手で人気を博した一番手は陸上長距離の村社講平《むらこそこうへい》である。一万メートル決勝に出場した村社は、長距離王国フィンランドの三選手を相手に白熱したレースを展開。最後には力つきて四位に終わったが、スタンドは「ムラコソ、ムラコソ」「ヤパン、ヤパン」の大声援で埋めつくされた。このほかの日本選手も健闘し、三段跳びでは田島直人が一六メートル〇〇の世界新記録で優勝。日本はこの種目でオリンピック三連勝を飾る。棒高跳びでは西田修平《にしだしゅうへい》、大江季雄《おおえすえお》が二位、三位に入賞し、二人はのちに銀、銅のメダルの半々ずつをつなぎ合わせて「友情のあかし」とした。

オリンピックの華、マラソンは八月九日に行われた。マラソンの優勝候補筆頭とみられていたのはカルロス・ザバラ（アルゼンチン）である。日本勢の孫基禎《ソンギジョン》、南昇龍《ナムスンニョン》、塩飽玉男《しわくたまお》のトリオにも期待が寄せられていた。孫と南は、日本が当時植民地として統治支配していた朝鮮のランナーである。

この日のベルリンは暑かった。ザバラは予想どおり前半か

棒高跳び３位の大江季雄

らリードしたが、暑さのなかでのハイペースがたたり、後半の三十一キロで脱落する。レースは、孫基禎が後半トップに立ち、二時間二九分一九秒二のオリンピック新記録でテープを切った。孫の優勝に朝鮮の人びとは狂喜し、朝鮮の有力紙『東亜日報』は、孫のユニフォームから胸の日の丸を削除した写真を掲載する。孫の勝利は日本の勝利ではなく、朝鮮民族の勝利であることを顕示しようとしたのである。

大会後半の競泳が開始されると、日本勢は思わぬ苦戦を強いられたが、男子の千五百メートル自由形、二百メートル平泳ぎ、八百メートル・リレー、女子二百メートル平泳ぎの四種目で優勝し、何とか面目を保った。とくに女子二百メートル平泳ぎは、前畑秀子《まえはたひでこ》の力泳とアナウンサー河西三省の「前畑がんばれ」の名放送で日本中を熱狂させる。

ベルリン大会の日本向けラジオ放送は、八月二日から十六日までの十五日間、午前六時半から三十分間と午後十一時から一時間、毎日行われた。早朝、深夜の競技中継が連日続いたため日本中が睡眠不足に追い込まれたが、日本選手の健闘は、しばしの間であったにせよ、二・二六事件後の暗雲を吹き飛ばしてくれたのである。

しかし、勝者の陰にはつねに敗者がいる。

ベルリン大会で過大な期待をかけられ、その重圧に押しつぶされた日本選手がいた。陸上百メートルの吉岡隆徳《よしおかたかよし》である。

ロサンゼルス大会で六位に入賞した吉岡は、一九三五年、百メートルの世界タイ記録を三度も樹立して「暁の超特急」の名を高め、新聞ではベルリン大会の有力なメダル候補と書きたてられていた。が、あまりにも大きな期待が吉岡を苦しめた。オリンピックの半年くらい前から不眠症になり、ベルリンに到着してからは睡眠薬を手放せなくなっていた。やっと寝ついても、夢に現れるのは無残にレースに敗れた自分の姿であった。

本番では、第一次予選は何とか通過したが、第二次予選で四位となり失格した。吉岡の実力からすれば信じられないような敗戦である。第二次予選の吉岡は、緊張のあまり極度にあがっていたとしか言いようがない。同じ組にあのジェシー・オーエンスも出場していたが、吉岡にその記憶はなく、戦後、ベルリン大会の記録映画『民族の祭典』を見て初めて気づいた。レースでは、ゴールの手前十メートルに引いてあるリレー・ゾーン用の白線をゴールと間違える有様であった。

控え室に戻った吉岡に、東京の新聞社から国際電話がかかってきた。何度となく場内放送で呼び出されたが、ついに出なかった。

「どのツラさげて日本に帰れるんだ」

吉岡は孤独感に打ちひしがれながら泣いた。

帰途、船中で投身自殺も考えたという吉岡が立ち直ったのは、帰国船が神戸に入港したときである。選手団の最後尾について隠れるように下船すると、歓迎の人波のなかにいた小学生が「吉岡さん、ご苦労さまでした。次の大会でがんばってください」と、小旗を振りながら叫んだ。「瞬間、私の体にビリビリッと電気のようなものが走り、大会後三ヵ月近く続いていた夢遊病者的状態からさめてしまったのだ。あっという間に、埠頭へ下りて五歩ほど歩いたところで、気分は平常時に戻った」と吉岡隆徳は述懐している。

ベルリンでは、オリンピックの全競技が終了した八月十六日夜、グリューネヴァルトのメインスタジアムで閉会式が行われた。各国選手団の入場後、IOC会長アンリ・ド・バイエ=ラトゥールがベルリン大会の閉幕を宣言し、オリンピック旗が降ろされ、荘厳に鳴りわたるオリンピックの鐘の音に合わせて聖火が静かに消えた。

サーチライトに照明された掲示板に「ベルリン一九三六、アテネ一八九六、トウキョウ一九四〇」の文字があざやかに浮かびあがり、ギリシャ国旗を中心に、左にドイツ国旗、右に日章旗が掲揚される。

日本オリンピック委員会を代表して日本選手団長平沼亮三が壇上に立ち、「次は東京です。全世界の皆さん、東京オリンピックにどうぞ！」と呼びかけると、スタンドからは「トウキョウ、トウキョウ」の大合唱が起こった。

平沼は自著『スポーツ生活六十年』でベルリン・オリンピックの印象をこう記している。

「競技場は、正直なところ、想像を遥かに越えた大規模で、私はただ全く驚き入った次第であった……何でもドイツ政府がオリンピックに投じた総費用は、八千万マーク、当時の日本の金に換算して殆んど一億に近い金を投じたといふ話、非常に壮大というか贅沢というか、我々から見ると、これはやり過ぎぢゃないかと思はれた位で、参加国でも小さい国からは、却《かえ》って反感を以て見られはしないかと思はれるほど立派なものが出来たのである」

閉会式の壇上で平沼はあらためてベルリン大会の壮大さを想起し、「トウキョウ」の大合唱のなかで、「劇的だ」とつぶやきながら凝然と立ちつくしていた。

第十一回オリンピック・ベルリン大会は、よくも悪くもドイツ人の組織力と緻密さが発揮された大会であった。ヒトラーがもくろんだ国威発揚の大宣伝は予想以上の成果をあげ、女性監督レニ・リーフェンシュタールの記録映画が大会の感動を全世界に伝達することになる。『ナチ・オリンピック』の著者リチャード・マンデルは、次のように指摘している。

メダルによる各国の得点表は、

一、ナチ・ドイツはアメリカより活躍した。

二、イタリアはフランスよりすぐれていた。

三、日本は英国を圧した。

つまり、全体主義国家の優越性が証明されたのがベルリン大会だった、というのである。

この優越感を背景に、日独伊の三国は間もなく枢軸国としての連携を強化し、オリンピックの成功で自信を増大させたヒトラーは、三年後の一九三九（昭和十四）年九月、ドイツ軍によるポーランド電撃侵攻を開始して、再び世界を戦乱の渦中に巻き込むことになる。

5　日本選手団騒動

「苦悩への茨の道」

ベルリンの競技場やオリンピック村などのすばらしさに度肝を抜かれた日本人は、選手団長平沼亮三だけではない。大会閉幕直後の八月十八日付『時事新報』は、「ベルリンに来た凡《すべ》ての日本人が『来て、見て、驚いた』のである、ベルリンに来てゐる全部の人の結論は要するに東京の今迄の準備計画は改めて白紙から出発し直さなければならないといふ事である」と、壮大な大会に驚嘆かつ唖然としたベルリン特派員電を掲載している。

第十二回オリンピック大会の東京開催決定は日本国民を大いにわかせたが、ベルリン・オリンピックの準備の詳細が判明するにつれて、はたして日本でもベルリンにひけを取らない大会が開催できるのか、と不安視する声が強くなった。

スポーツ界も大会招致を歓迎する反面、危惧の念を増幅させていた。

その一人、体協理事郷隆《ごうたかし》は八月一日、大日本体育協会主催の座談会「東京オリムピックを語る」で、「日本で開催すると決まって、祝杯をあげるのもいいけれども、しかしこれは祝杯でなく、ひとつの苦悩への茨の道への門出だからね。その点……余程の決心をして、この四年間を切り抜けないと、成功することは不可能だ」と語り、実際に開催準備を担当する体協の責任者として、苦衷の一端を披瀝している。

その夜、酒をひっかけて銀座を散策していた元万朝報《よろずちょうほう》記者鷺田《さぎた》成男《しげお》（のちの東京オリンピック組織委員会宣伝担当）は、人込みのなかで背後から肩を叩かれた。振り返ると郷隆である。快活な人柄の巨漢で、名前にちなんで「ゴウリュウ」と仲間から呼ばれていた郷は、オリンピックの招致成功をとくに喜んでいるふうでもなく、額の汗を拭きながら、「大変なものを引き受けてしまった」と話しかけてきた。

二人は行きつけの酒場に腰を落ち着けた。「招致運動をしていたころは無我夢中だったが、いざオリンピックが東京に来るとなると、経験のない悲しさで、どこから手をつければいいのか見当がつかない。大会が終わるまでは苦労の連続だろう」。郷はそう言って鷺田の手を握りしめながら、「厄介なことがいろいろと起こりそうだ。協力してくれ」と頼み込んだ。アルコールがかなりまわってきたらしく、コップを持つ手が震え、こぼれたウイスキーが卓を濡らした。

体協関係者が喜懼《きく》半々の表情だったのに比べ、招致運動の「主動的役割」をになってきた東京市当局は意気軒昂たるものであった。

八月三日、東京會舘で開かれたオリンピック招致祝賀会で、市長牛塚虎太郎は、「わが東京市はオリンピック開催都市としての責任を痛感し、自ら準備の中心となる決意を固めている」と、満面に喜色を浮かべてあいさつし、オリンピック旗と日章旗が飾られた会場では、乾杯と歓喜の万歳が何回となく繰り返された。祝賀祭初日のこの日、神宮外苑や上野、日比谷の各公園など十ヵ所で百発ずつの花火が打ち上げられ、航空機三機が大会招致の成功を祝うビラ二十万枚を空から散布し、東京市内はオリンピック一色に塗りつぶされる。

だが、オリンピック招致運動のスタートから歯車がかみ合わなかった東京市と体協は、開催決定後もあい変わらず不協和音を響かせていた。

前述の座談会「東京オリムピックを語る」でも、出席した東京市設案内所長清水照男が「大会組織委員会の構成は開催国によって多少違っているので、日本もその特色を生かした委員会をつくるべきだ」と発言すると、すかさず体協参与高島文雄《たかしまふみお》が、「東京市に都合のいいようにね」と半畳を入れる。清水も「過去のことは水に流して」と言いながら、「東京市が、ちょっとやると怒られる。皆が忌憚なく話し合って一番いい方法をとればいいんだが、黙ってやらしておいて怒るから困る」と、体協に対する不満をあらわにしている。招致運動もろくにやらない癖に何かと文句だけはつける、と東京市はいつも体協を批判していた。

たとえば、一九三五年のIOCオスロ総会に先立ち、東京市長牛塚虎太郎は、市オリンピック委員長辰野保《たつのたもつ》らとともに駐日フィンランド公使館を訪問し、ヘルシンキが第十二回大会の開催立候補を取り下げるよう要請したことがある。これについてIOC委員副島道正は、

「東京市が直接交渉を試みたやり方には感心出来ない。あれはやはり第三者を通して譲歩を勧告して貰ふべきであったらう」と雑誌で批判し、体協サイドにも東京市の勇み足だとする空気が強かった。それならば体協が知恵を出して、もっと効果的な方法を助言してくれてもよかったではないかと、東京市の不満は鬱積した。

オリンピックの開催決定直後の座談会であれば、通常なら大会成功へ向けての前向きの発言が多いはずだが、そんな場でも嫌味や不満が顔をのぞかせているところに、双方の対立の根深さが感得できる。

「船中の生活はまさに国辱」

ベルリン・オリンピックから一ヵ月半後——

大会に参加した日本選手団のうち団長平沼亮三ら本部役員とサッカー、ホッケー、バスケットボール、体操、ヨット、ボクシング、女子水泳の代表選手など百十八人は、マルセーユ発の鹿島丸で十月二日に神戸に帰着した。本隊以外の男子陸上、競泳、レスリング、馬術、ボートの各選手も、別船かシベリア鉄道経由であいついで帰国し、オリンピックで活気づいた各競技団体は久しぶりに静謐《せいひつ》を取り戻そうとしていた。

そんな折もおり、スポーツ界を驚愕させるニュースが走った。十月二十一日付『読売新聞』夕刊が、在ドイツ日本大使館一等書記官森島守人《もりしまもりと》の発言をもとに、五段抜きの見出しで

ベルリン派遣軍を爆撃
醜態だらけだと喝破
文相に詰寄る森島書記官
正に國辱だ

オリムピック派遣軍へ
第二の爆弾！
田中東大教授が
又も醜状を發く
四年後への猛省促す
正に國辱もの

日本選手団の行状を伝える新聞記事（読売新聞・1936年10月21日、25日）
国立国会図書館所蔵

「日本選手団は醜態だらけ」とこきおろす記事を掲載したのである。

その記事を要約すると、「ベルリン・オリンピックの日本選手団は、陸上も水上も選手と役員が内輪喧嘩ばかりしていた。ドイツ在住日本人会が全ヨーロッパから三万円の後援金を集めたうえ、二十数人の通訳を雇って選手団の役員につけてやったのに、役員はその好意に感謝せず、通訳を召使い同然に扱った。このため、自発的に通訳を買って出ていた専門学校のある教授は、侮辱に我慢できず、再三辞職を申し出た……日本選手団がベルリン入りしたとき、オリンピック村には日本式風呂がまだ完成していなかった。そこで村に隣接した兵舎に一時入居してもらったところ、選手団は『人種差別だ』と騒ぎ立て、順序も無視して組織委員会会長レヴァルトに抗議を申し込み、その無礼を非難された……一部の役員は、案内役のドイツ軍将校に聞くに堪えないような暴言を吐いた。日本語だから大丈夫だろうと高をくくっていたが、相手は日本語の達人ですべてわかってしまい、非礼な態度が反発を買った」という。

森島はドイツ駐在日本人会の常任理事として、ベルリン大会の開幕前から日本選手団の世話を焼いたが、「こんな国辱的なことはない。ベルリン在住日本人はドイツ人に顔向けできなかった」と悲憤し、これでは東京オリンピックが心配でたまらないと、文相平生《ひらお》釟三郎《はちさぶろう》に注意を喚起した。

三日後の十月二十四日付『読売新聞』は、鹿島丸船中で泥酔したホッケー代表選手がカミソリを持って暴れ、けがをしていたと報道し、さらに二十五日付朝刊では、続報として、選手たちと同船した東大法学部教授田中耕太郎《たなかこうたろう》の見聞記を掲載した。田中は戦後、文相や最高裁長官などを歴任したが、この時は日伊交換教授として滞在していたイタリアからの帰途、選手団本隊と同じ鹿島丸に乗船し、船内で目撃した選手たちの行状を公表したのである。

田中耕太郎は憤激する。

「私だけでなく、一等船客全部が全部、その無統制ぶり、無教養ぶりに呆れたのです。幸ひ外人があまり乗ってゐなかったからよかったやうなものの、あの船中の生活はまさに国辱ものでした。九月二十八日、上海を出ていよいよ祖国に向ふといふ晩などの騒ぎは大変なもので、午前四時頃まで船客はほとんど眠ることも出来なかったほどです。

これは私をしていはしめれば、幹部の組織の問題と選手の素質の問題だと思ひます。幹部には、わが国を代表して外交官的使命も果し得る人格、識見の優れた人を選ばなければいけないし、さうすれば自然、統制力の問題も解決すると思ふのです。選手の素質の問題については、現代教育制度の欠陥を指摘しなければなりません。アマチュア精神を忘れて学業は第二、第三、ただ記録をだけ争って人格の陶冶を忘れてゐるところに禍根があるのです。これを改めるには、教育制度を改めねばならない。

有名な選手を看板にして、学校を宣伝しなければならないやうな現在の事業的学校の制度がいけないのです。これは大きな問題として、文部当局によく考へてもらひたいことです。私は、徒《いたず》らに醜状を暴露するのが目的ではなく、この過誤を正すことによって日本のスポーツ精神を輝かしたいと思ふ微意にほかならないのです」

雑誌『セルパン』(一九三六年十二月号)も本山五郎の署名入り手記「体協不統制の真相を公表す」を掲載し、この問題に追い打ちをかけた。

「(日本選手団本隊が乗った鹿島丸は)マルセーユを出た最初の夜から、船のスモーキングは、団体競技の選手群に占領されて、カンバンの十一時まで放歌口論、他の船客は恐れてそばへよりつけない。飲み足りぬ猛者達は、ロンドンで仕込んだウヰスキーをグイグイ部屋の中であけて、午前三時まで、地中海とも思へぬ繁華さながらの喧噪だった。

朝は朝で、定めの時刻もおかまひなしにワーッワーッと男女の歓声、ガタゴトとビリヤードの騒音、飛んだり跳ねたり、特にAデッキのケビンは災難だった。はじめの三日ほどは、こくめいに船内心得を貼り出して、それとなくきめつけてゐた船の事務長も、もはやさじを投げたかたちで、その後は運悪くAデッキに寝てゐる外人達の慰問の方にもっぱら努力してゐた。オリムピック船を承知で乗った英国人達だったが、さすがに呆れて、船がシンガポールに着くのを待ちかねるやうにして、やれやれと苦笑しながら下船して行った」

本山五郎の手記は、田中報告よりも具体的に船中の「騒動」を描写している。

鹿島丸がシンガポールを出航し、船客が日本人だけになると、選手たちの暴状はさらにエスカレートした。大切な船の救命ブイを海中に投げ込み、温厚な船長が顔色を変えて怒り、乱闘で船医に四針も縫ってもらわねばならぬ怪我人まで出る始末であった。

「しかし、これだけの大騒ぎ、夜どほし他の船客の眠りを奪った狼藉《ろうぜき》にもかかはらず、監督の責任者はもとより、統率の役員達は一人も飛び出して来たものはなかった。そして、明くる日もこれだけの乱暴を頭から否定にかかって、いやといふほどこの騒ぎを知ってゐる一般の船客達を腹から苦笑させたものである……『これがオリムピックの選手団か』と鹿島丸の一般船客と船員を情ない気もちにさせたのは、誰がなんといっても本当のことであった」

鹿島丸には、オリンピック放送を終えて帰国するアナウンサー河西三省、山本照も同船していた。だが、山本はこの騒ぎを知らないと言っている。案外そうだったかもしれない、という気もする。というのは、選手団には上甲板に近い一等船室があてがわれていたが、山本と河西は船底の三等船室で起居し、別行動をとっていたからである。

日本のベルリン大会放送スタッフは史上最低のスケールであった。前回のロサンゼルス大

平沼亮三日本選手団長

会は、団長とアナウンサー三人の計四人だったが、ベルリン大会はアナウンサー二人、渉外担当一人の三人だけ。取材費の総額は当初五千五百円の予定であった。あまりにも少額でかわいそうというので六千円に増額してくれたが、それでもベルリンではホテル住まいを途中で切りあげ、安い下宿屋に移らねばならなかった。

そんなわけで、帰国船も三等で我慢するしかなかったが、その部屋にいたのでは、かなり離れた一等船室で夜間に何らかの騒ぎがあったとしても、気づくのは困難だったかもしれない。山本は「団長平沼亮三の船室にはよく足を運んだが、トラブルがあったとは聞いていない」とも語っている。むろん平沼も、自分が統率する選手団の「不名誉」な出来事にはあえて触れなかったのだろう。

日本スポーツ界の「病根」

日本代表チームに浴びせられた一連の批判発言は、スポーツ界に深刻な衝撃を与えた。平沼亮三は森島発言には事実誤認があると否定し、田中報告については、船中で一部が騒いだことが過大に伝えられていると反論した。選手団本部役員を務めた浅野均一も、「船中で悪酔いをした選手がカミソリを取り出して暴れているうちに、転倒してけがをしただけ」と釈明し、森島、田中発言を全面的に否定する。

だが、平沼は世間を騒がせた責任をとって体協副会長の辞表を提出。あわてた体協は十月二十八日に緊急理事会を開き、東京オリンピックの招致が実現したばかりの重要な時期であり、選手団への批判も平沼副会長個人が責任を負うべきことがらではないと慰留し、平沼もこれを了承して辞表を撤回する。

日本選手団の帰国報告会

しかし、選手団批判の波紋はさらに広がり、体協は十一月五日の評議員会で、東京オリンピックに向けて組織を強化し、競技団体との関係を密接にするためという名目で、平沼副会長を除く役員全員が総辞職することを決めた。外務書記官森島守人、東大教授田中耕太郎の「爆弾発言」が体協の屋台骨を揺るがし、大幅な改組をうながす結果となったのである。

体協加盟競技団体の新評議員と新理事は間もなく決定したが、組織改革と並んで体協にとって切迫した人事案件は、岸清一の死去以来三年間も空席となっている会長の後任問題であった。理事会は日本ヨット協会会長の海軍大将竹下勇《たけしたいさむ》を推挙したが、竹下が固辞したため、十二月十八日、専務理事から副会長に昇格したばかりの陸軍中将大島又彦が一足飛びに会長に就任した。

一連の体協批判の嵐に関連して川本信正は、雑誌『セルパン』（一九三六年十二月号）で日本スポーツ界の影の部分にメスを入れている。

初めに川本は、日本選手団批判の真偽はさておき、それを契機に盛り上がった世論が体協を中心とする日本スポーツ界全般に深刻な自己反省の機会を与え、体協の組織改革の引き金となったことに意義を認める。そのうえで川本は、次のように慨嘆している。

「見やうによっては、森島氏や田中氏の報告は、スポーツ界の実状に通じない局外にある知識人の、日本のスポーツとスポーツ人に対して抱いてゐた一種の「夢」を破られた、幻滅の落胆と痛憤を代表するものと見られぬこともない。スポーツをひどく純粋に考へ、スポーツの選手や役員を、智能的にも道徳的にも相当高い水準にある典型的なピューリタンであるかの如くに想像してゐる人々がスポーツ界の実状を知ったら、恐らく遣り場のない苦がい感情を味はふに違ひない。遺憾ながら、日本のスポーツは、さういふ人々が想像してくれる程の高貴性も持ってゐなければ、また自らの文化的な役割をハッキリ意識してゐるわけでもないのだ」

日本のスポーツが、知的にも道徳的にも文化的にも「低水準」に停滞しているのはなぜか。川本は続ける。

「日本のスポーツが近代的な形式を整へ出してから、すでに四半世紀になるが、その間、日本のスポーツは、極めて甘やかされた環境の中で育って来た。いきなり飛込んで来た外来スポーツは、すべてその基調となる西欧的ないはゆる『スポーツ精神』の検討も咀嚼《そしやく》もなく、ただその形式のみを踏襲し、殆んど無反省のうちに、兎に角、今日『世界制覇』を云々できる程の状態にまで、自然成長的に漕ぎつけて来た。

　これは一面、日本人の体力といふよりは巧緻性の鋭さを、消化力といふよりは模倣力の素晴らしさを証明するものだが、この間に、日本スポーツの文化的な地位を裏づけるやうな指導原理はなにひとつ生まれてこなかった」

日本スポーツの基調となったのは、たかだか「高等学校精神」とか「国民精神の作興」といった精神主義的スポーツ論であり、その結果、「悲壮」「死闘」のようなスポーツ本来の明朗性とはおよそ縁遠い言葉がスポーツ・ジャーナリズムに不可欠な用語となった、と川本は指摘する。

　では、スポーツ界の中心勢力である大日本体育協会の現状をどうみるか。

「（体協は）日本スポーツ界の上述のやうな空気をそのまま反映して、長い間くすぶってきた。アマチュア・スポーツに対する積極的な見解を持たないから、なすことすること悉《ことごと》く消極的で引込思案であり、例へば今度の森島氏等の言葉に対しても、最初はこれを黙過することを能《よし》として、いつの間にか適切な反駁《はんばく》のチャンスを失ひ、オリムピック代表が帰朝しても、ただむやみに彼等のベルリンにおける『堂々たる態度』の報告に自己陶酔を感じ、甚だしきに至っては、それ等の行動が『諸外国人の称讚を博した』といふ文明開化期的喜悦に耽るのみで、ベルリン大会の戦績に対する真摯な科学的検討や、或ひは将来の日本スポーツ界に対する指標の樹立といったやうな積極的な努力は殆んど現はれて来ない。

かういった態度が、真面目なスポーツ人に非常な頼りなさを感じさせて来たことは否定し得ない事実であり、同時に、体協その他の各スポーツ団体が、従来ややもすれば外部からの批判を、すぐにデマだとか誤解だとか称して一蹴するやうな独善的態度を示し、さういふ批判を一応自己反省の契機とするやうな理性を持ち合はせてゐなかったことも、紛れのない事実である」

川本は、体協を中心とする日本スポーツ界の「病根」を的確にとらえ、東京オリンピックの開催をひかえて、体質改善のための深刻な反省が必要であることを説いたのである。

第三章　戦火ただようなかで　問題山積の開催準備

1　難航した組織委員会の発足

「国民の覚悟」を強調

オリンピック招致の口火を切った第十四代東京市長永田秀次郎は、既述のように、紀元二千六百年記念事業の一環として、東京オリンピックの開催を意図した。それ以後、日本のオリンピック招致運動は、この「紀元二千六百年祝賀」を錦の御旗にして展開されてきたといっていい。しかし東京開催決定の翌日、八月一日、文部省体育課長岩原拓《いわはらたく》は「紀元二千六百年という記念すべき年に開かれるのだから、他の大会よりは意義深い」としながらも、こんな発言をしている。

「最初は、たまたま二千六百年に相当しますから、今度の大会を二千六百年の祝典の一部の行事としてやったらといふ風に考へた人もあるのですけれども、それはオリムピック大会といふものが……世界的のものである性質上、一つの国の国民からみればいかに大きな仕事であっても、その記念事業の一部に包含されることはゆるされないといふ解釈を下すのが正しいのです。

それで全然切離す、したがってその祝典およびその祝典に関連する記念事業の博覧会、そんなものとプッツリと明瞭に切離してしまふ、これが一番必要だと思いますね」

外務省が作成した「第十二回世界オリンピック大会に関する方針案」も、その「説明及具体策案」の第一項で、「『オリンピック』ノ目的ハ、政治的関係ヲ超越シテ、健全ナル『スポーツ』競技ノ内ニ世界青年ノ歓交ニ依リ国際親善ヲ増進スルニアリ。故ニ『オリンピック』大会ニ於テハ、政治的色彩アル積極的宣伝ヲ為スコトヲ絶対ニ避クルコトヲ要ス」と述べている。

このいずれもがオリンピックの「政治的中立性」を念頭においたものであり、IOCの理念に沿った発言ないし記述であることは明瞭である。だが、ベルリン大会がナチス・ドイツに徹底的に利用されたように、「紀元二千六百年」記念として売り込んできた東京オリンピックが、国家や軍部の息のかかった大会となることは十分に予想されたことであった。

その兆しは間もなく現れてくる。

東京開催決定から一ヵ月後、九月三日のラジオ放送で、文相平生釟三郎は大会開催にあたっての「国民の覚悟」としてつぎの三点を強調した。

一、日本全国民が確固不抜の日本国家観念と、光輝ある武士道精神とを益々明徹せしめ以て、世界の列強間に於ける日本の正しい地位を認識すること。

二、お祭り騒ぎに走ることなく、真の日本の位置を自覚し、真の体育競技の精神を体得して、苟《いやしく》も頽廃的気分に堕することは絶対に許されない。

三、我が尊き伝統たる武士道の精華は、国民全部が一人残らず、克《よ》く己を捨てて皇国のために犠牲となることを以て本来の面目とするもので、この精神により、全世界十七億の指導国民の一たる日本人の徳風の大成向上に留意すること。

平生の放送は、オリンピックに「国家観念」や「武士道精神」を持ち込もうとするもので、本来オリンピックが持っている「国際性」や「中立性」と真っ向から対立する内容となっていた。

この放送のもうひとつの特徴は、オリンピックが「お祭り騒ぎ」にならないようことさらに警告していることである。

日本人は、もともと「まつり」の好きな国民であった。封建時代、支配階層のきびしい圧政のなかで、庶民にとって解放感が味わえるのは「まつり」の日だけであった。この日は「無礼講」とされ、人びとは存分に遊びたわむれて、日ごろの憂さを晴らしていた。

昭和にはいって、日本では軍国主義体制のもとで再び庶民への締めつけが強化されていたが、オリンピックの東京開催決定という明るいニュースは、一時的にせよ、国民を「まつり」の日のような浮き浮きとした気分にさせてくれた。だが「非常時」「挙国一致」「尽忠報国」などを声高に叫んでいた軍部にとって、それは決して好ましい傾向ではなかった。

もともとスポーツには「まつり」的要素が内在しているが、なかでも世界中の若者が参加するオリンピックは、人びとの気持ちを高揚させ熱狂させる巨大かつ豪華な祭典である。そのオリンピックが東京で開かれ、ただでさえ「まつり」好きの日本人があまりにはしゃぎすぎると、非常時なるがゆえの緊張感が雲散霧消しかねない。それを防止するために、東京オリンピックはあくまでも質実かつ厳粛な大会とせねばならぬ——第十二回大会の東京開催決定いらい軍部は沈黙を守っていたが、内実はそう考え、文相平生釟三郎のラジオ放送もその意向に沿った内容となっていたのである。

東京市と体協の反目

東京市会では、オリンピックまでのわずか四年間で、競技施設や関連道路がすべて建設できるのかという疑問が提起されていたが、市長牛塚虎太郎は自信満々であった。

平生のラジオ放送と同じ日、九月三日、牛塚は市会での質問にこう答弁している。

「先に来日したIOC会長ラトゥールが帰国のあいさつに来たとき、私は、『オリンピックが東京に決定すれば、大会の目的に合致する完全な施設をつくる。万難を排しても実施するのが日本人の国民性だから、ご安心いただきたい』と言っておいた。東京市としては、オリンピック開催都市としての面目、責任にかけても十分な設備をととのえるつもりである」

ところが、その牛塚を激怒させる事態が発生した。

東京オリンピックの開催準備を進めるうえでまず重要だったのは、最高機関としての大会組織委員会の結成だが、その規約や構成方法を検討するための準備委員会をつくる段階で、大日本体育協会が東京市に事前に相談しないままに人選を進めたのである。

オリンピック憲章によれば、IOCは大会開催国のNOC（日本の場合は体協）に業務を委任し、NOCはさらに組織委員会をつくることになっていた。そこで大日本体育協会は、組織委員会も体協中心の構成にするのが妥当と判断し、十月二十四日の評議員会でそのための準備委員二十八人を選任する。だが、準備委員の大部分は体協関係者で占められ、東京市からは一人しか加わっていなかったため、「開催準備の中核」となる決意を固めていた牛塚は猛反発した。牛塚は、オリンピック選手団の行状が新聞や雑誌で批判されたり、会長が三年間も空席のまま放置されていたことから、体協の責任体制が明確でないとして不信感を強めていたが、この問題が火に油をそそいだ。

〈とかく問題の多いスポーツ団体だけが中心となって開催準備を進めるべきではない〉

そう考えた牛塚は準備委員会への協力を拒否する。が、体協が予定どおりのメンバーで準備委を発足させたため、東京市と体協の反目は深刻化した。

十月二十九日付『読売新聞』で牛塚は憤懣をぶちまけている。

「体協が別のどんな方法で準備委員会に参加を勧誘して来ても、今の体協が主である以上はお膳立てのいかんにかかわらず絶対に参加はしない。今の体協が別のものに——或は改組などが行はれた後での勧誘なら、その時は又その時で別に考へねばなるまい。とにかく勝手にやるならドンドン勝手にやるがいいでせう」

この問題をさらに複雑にしたのは、オリンピックの東京招致に尽力した嘉納治五郎、副島道正の両IOC委員が組織委員会の構成について相反する意見を持っていたことである。

嘉納は東京オリンピックを国家的大事業ととらえ、組織委員会も体協や東京市だけでなく、各界を網羅した構成にする必要があると主張していた。東京オリンピックは単にスポーツ競技のみの大会ではなく、日本の文化や精神を各国の人びとに理解させ、国民精神の作興に役立つものでなければならぬ、というのが嘉納の信念であった。

これに対し親英米派の自由主義者だった副島は、ナチスの影響が強かったベルリン大会をよしとせず、国家主導を排し、スポーツ精神に立脚した東京オリンピックを脳裏に描いていた。組織委員会も大日本体育協会が中心となって結成すべしと強調していたのである。

性格的にも、磊落《らいらく》な嘉納治五郎と神経質な副島道正は何かとうまが合わなかったが、こうした基本問題でも考え方が対立したため、事態の打開は両者がベルリンから帰国して意見を調整するのを待つしか方法がなかった。

二人はベルリン大会後、同じ米国経由ながら別々の客船で帰国の途についたが、副島よりひと足早く、十一月十二日横浜入港の秩父丸で帰着した嘉納は、組織委員会の早期発足をめざして迅速に行動する。帰国翌日の十三日、文相平生釟三郎を訪問した嘉納は、東京オリンピックの開催準備は国をあげて取り組むべきであり、組織委員会にも政府その他の関係諸団体の代表が参加するように直言した。十六日には東京市長牛塚虎太郎とも懇談したが、二人とも嘉納の意見に賛意を表した。これで組織委員会の基本的枠組みは、副島の帰国を待たずに完成したことになる。

十一月二十七日、副島道正が横浜入港の龍田丸で帰国すると、先輩IOC委員の嘉納治五郎はわざわざ船中まで出迎えて副島を喜ばせた。いち早く組織委員会の構成方法を固めたこととといい、このあたり嘉納の老獪《ろうかい》さが一歩先行した感じで、副島はその後、嘉納や平生文相と会談した結果、持論の修正を余儀なくされる。十二月一日付『読売新聞』で副島は、「ロサンゼルス大会は公債募集を政府にやってもらった以外はすべてNOCが管理し……スポーツ的な雰囲気を出し多くの感銘を与へたが、こんどのベルリン大会では多く政府の手で行ったため何となく重苦しい感じを与へた……問題はロサンゼルス式にやるかドイツ式にやるかにある、日本の場合も体協中心は原則上理の当然だが、より完全な大会たらしめるために各方面の有力者を集めた組織委員会が出来ることになるのだらう、その意味の挙国的委員会なら私にも別に異存はない」と語っている。副島としては、帰国前に外堀を埋められていた思いで、それ以上の「抵抗」は困難だったのではないか。

陸軍の意向

間もなく体協も新役員決定などの改組が進み、組織委員会設立の条件が整備されてきたが、具体的な結成準備に取りかかる前にもうひとつ気がかりなことがあった。オリンピックの東京開催について軍部、とくに陸軍がどんな態度を表明するか、という点である。

文相平生釟三郎は、十二月七日、徳川家達、嘉納治五郎、副島道正の各IOC委員、東京市長牛塚虎太郎、体協副会長平沼亮三、同専務理事大島又彦、陸軍次官梅津《うめづ》美治郎《よしじろう》中将を招き、帝国ホテルで「オリンピック懇談会」を開いた。この席で平生文相は、「東京オリンピックは、単に競技のみが対象ではなく、これを機会に、わが国民精神および文化、産業の全般にわたり日本の真価を世界に宣揚するところに真の目的を置かねばならぬ。この精神に立脚して協力一致、大会の成功を期したい」とあいさつした。

また梅津陸軍次官は、「日本精神の精華を世界に知らしめるように努力することが最も大切だと思う。オリンピックを単なるお祭り騒ぎにせず、軽佻浮薄を戒め、質実剛健な大会とするなど、すべて日本流にやっていただきたい。競技も、国民の体育、徳育の全般的向上を目標とし、団体訓練に役立つように、いっそうの努力を希望する」と、初めて陸軍の意向を公式に明示した。

この会合で決定した大会開催の基本方針は、こうなっている。

「オリンピック東京開催ニ就テハ、啻《ただ》ニ運動競技ノ国際的大会ヲ実行スルノ観念ノミニ捉ハルルコトナク……建国二千六百年ニ行フ特殊ノ意義ニ鑑ミ国民精神ノ発揚ト古今諸文化ノ示現ニ留意シ……名実共ニ挙国一致ノ事業タラシムルコト」

「苟モ浮華軽佻ニ流レテ所謂《いわゆる》オ祭騒ギニ陥ルガ如キハ絶対ニ之ヲ警《いまし》メ、終始一貫質実剛健ヲ旨トスベク、又競技者ニ関シテハ特ニ団体精神ノ強化ヲ図リ、一般青少年ノ心身訓練ニ資セシムルニ力《つと》ムルコト」

一読してわかるように、この申し合わせは陸軍次官梅津美治郎の発言、つまり陸軍の意向を忠実に反映したものであり、「スポーツ精神にあふれたオリンピックにしたい」という副島道正の希望とは正反対の、国家主義的色彩の濃厚な内容であった。

これについて、東京で発行されていた英字紙『ジャパン・アドヴァタイザー』は十二月九日、「梅津は主張する、国民鍛練、団体競技に重点、勝利ではない」との見出しでオリンピック懇談会開催のニュースを伝え、十二月二十日付紙面では、「東京オリンピックには国家的協力が必要」と梅津が力説したことを報道している。

動向が注目された陸軍次官
梅津美治郎

十二月十七日付『東京日日新聞』も、「広義国防の観点からオリムピックを援助　陸軍の意向漸次動く」との見出しでこんな記事を掲載した。

「(文部省は) 東京オリムピック組織委員会の委員

（決議機関）に挙げられんとする梅津陸軍次官に対し出馬を要請することとなり、十五日午後岩原体育課長を使者として陸軍省を訪問せしめ懇請した結果、梅津次官は『一両日諾否の回答をお待ち願ひたい』と答へたが、梅津次官の受諾と否とは東京大会工作の鍵を握るものとして注目されてゐるが、軍部方面において東京オリムピック大会に際し国民の体位向上並に国民精神の作興と団体精神訓練実施の好機会として広義国防上、意義ありとする空気が濃化しつつあるので軍部の積極的援助は多大の期待がかけられてゐる」

さらに同紙は、体協参与東竜太郎《あずまりょうたろう》ら体協の中堅幹部数人が陸軍省新聞班長秦《はた》大佐らと会談したことを報道し、「右の如く東京オリムピックの好機を国民体位ムーヴメントに活用すべき点につき、軍部方面が漸次関心を持つに至ったことは注目に値する」と述べている。

二・二六事件後の陸軍は、反乱に同情的だった皇道派が一掃されて統制派が重要ポストを独占し、国防充実十二ヵ年計画を立案して軍備の大拡張に乗り出していた。これと並行して、「広義国防」のスローガンのもとに戦時体制をめざす経済の再編成が企図され、軍需工業の拡大、貿易や電力の国家統制など、全産業の戦時体制への転換、整備が進められる。副島がベルリンから帰国する二日前、十一月二十五日には日独防共協定が成立し、日本は国際的なファシズム陣営に参加する姿勢を鮮明にしていた。もはや、いかなることも軍部抜きで話を進めることは不可能に近かったし、新聞の報道するように、東京オリンピックも軍部の向背が成否の鍵を握るとみられるようになっていたのである。

そして、動向が注目された陸軍次官梅津美治郎は、「オリンピックが挙国一致で行われるのであれば陸軍も協力する」と答え、組織委員就任を受諾する。

東京オリンピック組織委員会の設立会議は、十二月二十四日に文相官邸で開かれ、会長に前招致委員会会長のＩＯＣ委員徳川家達、副会長に東京市長牛塚虎太郎、体協新会長大島又彦を選出した。委員には嘉納治五郎、副島道正の両ＩＯＣ委員、東京市会議長森俊成《もりとしなり》、体協副会長平沼亮三、陸軍次官梅津美治郎ら九人がまず決定し、組織委員会は難産のすえにようやくスタートを切った。

だが——

オリンピック組織委員会の設立総会

「挙国一致体制」をあまりにも強調しすぎた東京オリンピックは、早くも海外から不審かつ疑惑の眼で迎えられることになる。十二月三十日にドイツＩＯＣ委員テオドル・レヴァルトと会談した駐独大使武者小路《むしゃのこうじ》公共《きんとも》は、外相有田八郎あてにつぎのような公電を発信している。

「（レヴァルトは）日本ニ於テハ、次回大会ヲ全ク国家的ノモノトシテ挙行シ、国際的意義ヲ没却セントスル傾向アリトノ噂当方面ニ伝ハリ、『ラツール』伯甚タ憤激シ居ル旨ヲ語リ……国際『オリンピック』委員会ノ組織、空気等

オリンピック組織委員会会長・徳川家達

ヲ考慮スルトキハ、右ノ如キ噂伝ハルハ次回大会ノ為甚タ面白カラス……然ルヘキ向ノ注意ヲ喚起セラレ度シ」

それにしても、このような「忠告」をテオドル・レヴァルトから受けるとは、皮肉以外の何物でもなかった。なぜなら、レヴァルトが組織委員会会長を務めたベルリン・オリンピックは、まさしく「国際的意義を没却」した大会であり、ナチスの大プロパガンダの舞台と化した大会だったからである。

それとも、一時ヒトラーによって組織委員会会長の座から追放されそうになり、結局ナチスに屈伏した形のレヴァルトは、自戒の意味をこめて、オリンピックから国家色をできるだけ排除するよう日本に助言してくれたのだろうか。

2　テレビ中継をめざして

ドイツを上回る放送を

ベルリン・オリンピックの閉幕直後、八月十九日付『東京日日新聞』は、浜松高等工業（現静岡大学工学部）教授高柳健次郎《たかやなぎけんじろう》のこんな談話を掲載している。

「日本のテレヴィジョンも既に基礎時代は過ぎ、今後は各種の研究を綜合して次の東京オリ

ベルリン・オリンピックのテレビ中継

ムピックには、国内のみならず世界各国への放送をもやる覚悟を持たねばなりません。映像の鮮明さにおいては、ドイツを遥か凌いでゐますから、日本内地ならば自信があります。今度のオリムピックのころには、テレヴィジョンのないラヂオなんて凡そ意味のない時代になるのぢゃないかと思ひます」

当時、日本のテレビ研究の第一人者と目されていた高柳は、重大な責任を双肩に負わされようとしていた。オリンピック史上初のテレビ中継がベルリン大会で行われたため、東京オリンピックではドイツを上回るテレビ放送を実施することが要求されていたからである。

ベルリン・オリンピックのテレビ中継は、一般家庭で受像する方式ではなく、ベルリン市内を中心とする二十八ヵ所の劇場やホールに受像機を設置し、ケーブルで映像を送信する方法で行われた。

このときのテレビの走査線は百八十本で、現在のハイビジョンの走査線千百二十五本にははるかに及ばない。それだけに、映像が不鮮明であるのはやむを得なかった。

ダフ・ハート・デイヴィス著『ヒトラーへの聖火』（岸本完司訳）によると、

「ライプチガー・シュトラーセの逓信博物館では（大会のテレビ映像が）大きなブラウン管に映されたが、ぼんやりした輪郭しか見えないこともおおかった。通常の受信機でも映像はほとんど見わけられない。きわめて不鮮明な露出オーバーの写真のようなもので、見ているのがつらく、人々はがっかりして顔をそむけた。一〇〇メートルで勝ったのはジェシー・オーエンスだったらしいが、しかしアナウンサーの言葉がないと確認できなかった」

が、ベルリン大会でテレビが登場したことに、日本の放送陣は強烈なショックを受けた。四年後の東京オリンピックでは、日本の面目にかけても、ドイツより良質のテレビ放送を実現しなければならない――悲壮な決意を固めた日本放送協会は、テレビ研究開発のリーダーとして浜松高工教授高柳健次郎を指名する。

日本のテレビ研究史

もともと日本のテレビ研究は、早大などが手がけていた「機械式」と、高柳の「全電子式」の二派に分かれていた。

機械式テレビはニポー円板と呼ばれる金属板を中心に構成されていた。この円板の原理は、渦巻き状に小さな穴をあけた金属板を回転させ、光の点の連続を電気信号に変える仕組みで、撮像用のテレビカメラとして使用された。受像機の方は、円筒の胴に数十個の細い鏡を巻いた鏡車を回転させ、これで電気信号となった光をとらえて画像に再生している。

全電子式は、現在のテレビのように撮像、受像ともに電気的方式を採用したものである。が、高柳は当初、受像機にブラウン管を使用したものの、撮像側には機械式の円板を使う折衷方式をとっていた。

円板の欠点は、映像の精密度を高めるために穴の数を多くしても、せいぜい百本か二百本の走査線が限度であり、また、穴を小さくして数を増やそうとすると、それだけ光の量が減少して感度が悪くなることである。しかし、研究の初期段階で注目を集めたのは、全電子式よりも機械式＝早稲田式テレビの方であった。高柳が、小さな未完成のブラウン管にどうにか判別できる程度の不鮮明な画像を映し出していたころ、すでに早稲田式はマスコミの脚光を浴びていた。

オリンピックの東京招致に一役買った早大理工学部教授山本忠興が、ここでも登場する。山本は同じ理工学部教授川原田《かわらだ》政太郎《まさたろう》とともに、早稲田式テレビの研究に取り組んでいたのである。一九三〇年三月十七日、東京朝日新聞社講堂で二千人の観客を集めて早稲田式テレビの公開実験が行われた。実験に先だち、山本忠興は「人類の欲求とテレヴィジョン」と題して演説している。

「声のラヂオから今は姿のテレヴィジョンの時代が来た。テレヴィジョンの研究は五十余年の歴史を持ち各国とも相当研究は進んだが、今日このやうな大多数の前で実験公開するのはこの点でも世界にいまだ聞かぬ。

テレヴィジョンも急所をつかみ得たから、もうあとは完全な設備をする資力さへあれば、この秋の早慶戦もラヂオの声の放送と共に姿をスクリーンの上に実現し得るのは単なる夢ではない」

この公開実験では、「五尺四方」(縦横一メートル五十センチ)もある大型スクリーンに映像が投影され、画期的な成果として大評判になる。

誇らかに「テレヴィジョンの時代が来た」と述べた山本忠興は、それから三ヵ月後の六月十日、東京市長永田秀次郎からオリンピック招致の相談を受けたとき、おそらく脳中で「オリンピックのテレビ中継」という夢をふくらませたに相違ない。このあと山本は、ヨーロッパ遠征の学生陸上選手を同道してIOC委員エドストロームを訪問した際、同じ電気工学者として、オリンピックをテレビ電波で放送する将来構想を話し合ったのではなかろうか。永田秀次郎と山本忠興とオリンピックとテレビは、こうして奇妙な縁で結ばれ、やがてはそのサークルのなかに高柳健次郎も取り込まれることになる。

その高柳は一九二四(大正十三)年春、新設の浜松高工に助教授として赴任後、みずから「無線遠視法」と名づけたテレビジョンの研究に没頭していた。

この年、一九二四年七月、パリで第八回オリンピック大会が開催された。大会ではフィンランドの英雄パーボ・ヌルミが陸上長距離三種目に優勝し、競泳では、のちに映画のターザン役で有名になったジョニー・ワイズミュラー(米)が大活躍した。日本選手はレスリングで銅メダルを獲得したほか、織田幹雄が三段跳びで六位になり、オリンピックの陸上競技で初めて入賞している。新聞報道でオリンピックの活況を知った高柳は、同年十月一日発行の雑誌『電気之友』でテレビにかける情熱を吐露する。

「私はパリーのオリムピック放送に（テレビ電波を）同調した。各種の競技はそこに展開された。おお日本選手よ奮へ！　チリンチリン、おい君！　音と共に友は現れた。君オリムピックを見たかい。ああ僕も見たよ、痛快だったね。庭球で日本選手がデェビスカップを取ったのはナンて嬉しい事だらう、大いに杯をあげ様直《すぐ》にやって来てくれたまへ。ああ行かう、さようなら。友の笑顔は忽《たちま》ち消えた。

私は限りなく空想を続けた。ああ無線遠視法、之が完全されたなら、私たちの幸福はどれ丈け増すであらうか……奥深き山にある人々よ、孤島の灯台守よ、つつましく暮せる田舎の人々よ、御身達は孤独を嘆き都を憧れる必要はない。無線の精霊は都の歓楽と実益とをつれて御身達の家を訪れるであらう。ああ無線、ナントお前は不思議な精霊か？」

さらに高柳は「無線遠視法」研究の軌跡を美文調で紹介しているが、この時、パリ大会から十六年後に開催と決まった東京オリンピックに、自身が密接にかかわるとは夢想だにしなかったに違いない。

テレビの天覧実験

一九二六（大正十五）年十二月二十五日、高柳はテレビ研究で特筆すべき最初の成果をあげた。ブラウン管を利用して、片仮名の「イ」の字の送信実験に成功したのである。

この日、大正天皇の逝去で大正時代が終焉を告げ、昭和元年がスタートした。日本のテレビ研究の歴史は、昭和の開始とともに幕開けを迎えたことになる。

だが、当時のブラウン管は画面が小型で映像も暗く、早稲田式よりも格段に見劣りしていた。朝日新聞社の公開実験から三日後、一九三〇年三月二十日、日本放送協会主催の放送開始五周年記念ラジオ展覧会が日比谷公園内市政会館で開かれ、一ヵ月間の期間中、四十五万人の入場者でにぎわった。この展覧会で注目されたのは、早大と浜松高工から出品されたテレビだったが、軍配は早稲田式テレビにあがった。高柳は自嘲する。

「テレビジョン人気につられて上京した私の従兄などは、早稲田式と比較してがっかりし、私に語りかける言葉もなく、しおしおと帰っていったというような具合であった」

気落ちした高柳だったが、その研究が一躍世間の耳目を集める出来事が起こった。五月三十一日、つまり東京市長に再選された永田秀次郎が初登庁した翌日のことだが、浜松高工では、静岡県内を巡幸中の昭和天皇を迎えてテレビの天覧実験が行われたのである。

六月一日付『東京朝日新聞』夕刊は、「浜松高工に臨御　テレヴィジョン天覧」の見出しで次のように報道している。

「浜松高等工業学校においては、畏《かしこ》くも電気科第十三教室において我国が有するテレヴィジョン研究の少壮教授高柳健次郎氏のテレヴィジョン実験を十三分間にわたり天覧遊ばされた……当日陛下には四間（七・二メートル）に五間（九メートル）のせまい実験室に入らせられ、まず図面及び実物について高柳教授の説明を聞し召された後、暗室装置を施した上いよいよ実験に移ったが、まず垂幕に奉迎の文字が映じだされ君が代の全文と共に拡声機からは奏楽が起り続いて漫画、桜の花、富士、少女、猫、桃、桃太郎、犬、さる、きじが描きだされ……陛下が声の放送と共に姿の放送を行ふ近代テレヴィジョンの最新発明を天覧遊ばされたのはこれが最初で、高柳教授の光栄のみならず川口校長以下全校を挙げいたく光栄に感激し奉った」

助教授では天皇に説明する資格がないというので教授に昇任していた高柳は、天覧が終了するまでの間、「もしもブラウン管が爆発したら……」と内心はらはらしどおしであった。というのは、天覧の一週間ほど前、棚の上に置いてあった12インチのブラウン管が自然爆発し、粉微塵になる事故があったからである。

原因は、ブラウン管の製作技術が幼稚でガラスの厚みが均一でなく、高度の真空に耐えられなかったためだが、もし天覧中に爆発すれば一大事であった。天皇の神聖が絶対視されていた時代である。高柳ひとりの責任ではとてもすまない。校長や警備責任者、あるいは、もっと上層部にまで波及することも予想された。

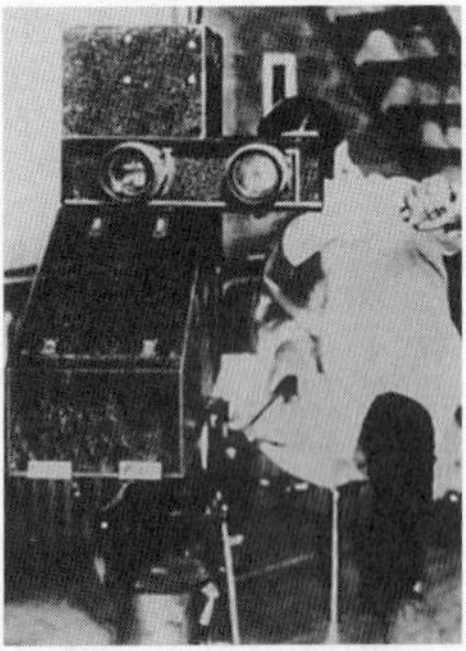

アイコノスコープを組み込んだテレビカメラ

校長に相談すると、「厚さ一インチもあるガラスの衝立をブラウン管の前に置いたらどうか」と言う。が、下検分にくる侍従が「このガラス板は何のためにあるのか」と質問するに決まっている。正直に説明すれば、危険きわまりないと天覧は中止されるだろう。そうなったら、面目は丸つぶれになる。

適当な代案も思い浮かばないため、高柳は学校の事務員室に一週間泊り込み、徹底的にブラウン管のテストを重ねた。斎戒沐浴もして、ひたすら安全を祈願した。おかげで天覧は無事終了する。

天覧の効果は絶大であった。それまでは電気科の教室を臨時に借用して研究したり、倉庫の一隅で実験をしていたが、天覧を機にテレビ研究用の独立施設が校内に建設された。一人の助手にもこと欠いた状況から、一気に教授二人、助教授四、五人、助手十人の枠が認められ、研究費も文部省と日本放送協会から毎年数千円ずつが支給されることになる。

永田秀次郎の手でオリンピック招致運動の口火が切られた一九三〇年は、このように高柳健次郎による全電子式テレビの研究がやっと軌道に乗った年でもあった。

三年後の一九三三年、米国のＲＣＡ研究所員ツヴォリキンはアイコノスコープという画期的な撮像管を考案する。アイコノスコープによる映像は、円板を使った機械式テレビよりはるかに高画質であった。

それまで世界のテレビ研究の主流だった機械式は、以後、電子式に主役の座を明け渡し、わずか三年前、公開実験で観衆を感嘆させた早稲田式テレビも姿を消すことになる。オリンピックの東京招致に意欲を燃やし、オリンピックのテレビ中継を夢みた電気工学者、早大理工学部教授山本忠興の機械式テレビにかけた期待は、意外に早く崩れ去ったのである。

高柳はその後アイコノスコープの研究に全力を傾注し、一九三五年十一月、屋外の景色を鮮明に映し出すことに成功する。このときの走査線は二百二十本で、高柳は機械式の要素を完全に除去した「浜松高工式全電子式テレビジョン」を完成することができた。

一九三六年八月、日本放送協会は、浜松高工の全電子方式で東京オリンピックのテレビ中継を実施する方針を決め、高柳健次郎に放送協会入りを要請した。折から、テレビ研究は浜松高工の名物になっていたので、学校側は「花形教授」の引き抜きに難色を示したが、一年後に両者の話し合いがまとまり、高柳は浜松高工に在籍のまま東京・砧《きぬた》の日本放送協会技術研究所に移る。浜松高工の約二十人の研究員も同行した。日中戦争の導火線となった盧溝橋《ろこうきょう》事件（一九三七年七月七日）の一ヵ月後のことである。

中継放送・公衆受像所

東京オリンピックまであと三年。技術研究所では、テレビジョン担当の第三部長に就任した高柳健次郎を中心に、浜松高工組を加えた約百九十人のスタッフが大車輪でテレビ関連機器の開発と取り組んだ。当時の日本放送協会会長小森七郎《こもりしちろう》は経費節減にことのほか厳格だったが、テレビ研究には惜しみなく資金を投入し、その総額は千代田区内幸町の新放送会館の建設費とほぼ同額の三百万円に上った。

一九三八（昭和十三）年二月、日本ラヂオ協会と電気通信学会が協同で設立していたテレビジョン調査委員会は、東京オリンピックのテレビ放送の標準方式を「走査線四百四十一本、毎秒送像数二十五」と決定する。ベルリン大会のテレビの走査線百八十本に比較して格段に精細度が高く、十分実用に耐え得るものであった。

調査委員会は、東京オリンピックのテレビ放送計画も作成している。

「東京オリンピックの放送施設は、鮮明な画像を見やすく観覧させることと、画像を遠方まで伝達することを主眼として、東京、大阪、名古屋にテレビ局を設置する。東京テレビジョン放送局は、オリンピック競技場などの中継所や局内スタジオから映像音声を受信してテレビ放送するほか、有線または無線で大阪、名古屋に送信する。

東京テレビジョン放送局の映像放送には超短波無線機を使用し、空中線の高さは海抜二百メートル以上、出力は二十キロワット以上を予定する。テレビスタジオには移動式テレビカメラを十台程度準備し、映像伝送装置として標準フィルム用二台、十六ミリフィルム用二台をそなえてニュース映画などのテレビ放送を行えるようにする。大阪、名古屋の両テレビ局も東京とほぼ同規模とする。撮像自動車（テレビ中継車）は東京、大阪局に配備する。

テレビ受像機は大量生産が困難であり、経済的にみても家庭での普及がまだ期待できないので、東京管内に約四十ヵ所、大阪管内に約三十ヵ所、名古屋管内に約二十ヵ所の公衆受像所を設置する」

公衆受像所というのは、戦後のテレビ放送開始初期に人気を呼んだ街頭テレビのようなもので、これを利用して東京オリンピックの実況映像を視聴してもらおうと計画したのである。

屋外中継用の「撮像自動車」

日本放送協会の「オリンピック放送準備委員会」も、東京オリンピックのテレビ中継実施計画を組織委員会に提出している。

それによると、メインスタジアムには、ゴール地点付近のスタンド最下部とトラックの間およびスタート地点付近のスタンド上部に望遠レンズつき固定式カメラを置き、フィールド内は移動式カメラ二台ないし三台でカバーする。水泳競技場では、スタンド上部の固定式カメラで競技を追うほか、主に飛込み競技用として移動式カメラ一台を配備する。

このほか、サッカー、馬術、ヨット、ボートの各会場とマラソンコースにも中継車の配置を予定していたが、当時のテレビカメラの感度を考慮して、競技が日没後に延びた場合はフィルム撮影に切り替えることを考えていた。

これを受けて同年六月二十五日付『ラヂオ工業新聞』は「研究室に止ってゐた我国のテレビジョンが皇紀二六〇〇年のオリムピック東京大会を機会に愈実用化されることになり……ベルリンに於けるテレビ施設よりも一層優秀な方式を実施して大衆に奉仕すると共に我国科学と技術の水準を広く世界に認識せしめんとするものである」と、本格的なテレビ時代の到来間近を予告している。

が、思わぬトラブルもあった。テレビ放送施設としては、東京中央放送局の愛宕山放送所を改築して転用する計画だったが、地質調査をしたところ地盤が弱く、高さ百五十メートル以上の鉄塔建設には耐えられないことがわかり、急いで計画を再検討せねばならなかった。

東京と名古屋、大阪間の映像送信も大問題であった。現在のような中継用マイクロ波が開発されていない当時としては、同軸ケーブルによる伝送以外に方法がなかったが、帯域幅の広いテレビ電波を無事に送信できるかどうかは、だれにも自信がなかったのである。

東京オリンピックのテレビ放送を成功させるためには、少なくとも一年間はテスト放送を行い、機器の問題点などを点検、改善しておく必要があった。そのタイムリミットが刻々と迫るなか、高柳健次郎らは夜を日についで研究と機器開発に取り組まねばならなかった。

3　メインスタジアムはどこに

実施競技をどうするか

曲折を経て発足した組織委員会は設立早々から難問に直面する。そのひとつは、東京オリンピックでは何種目の競技を実施するかということであった。

当時のIOCオリンピック憲章によると、オリンピック夏季大会では、陸上、水泳、体操、ボクシング、フェンシング、レスリング、射撃、ボート、馬術、近代五種、自転車、重量挙げ、ヨット、芸術が公式競技となっており、このほかサッカー、ラグビー、庭球、ポロ、水球、ホッケー、ハンドボール、バスケットボール、バスク式ペロタ（壁面を利用してボールを打ち返し合うテニスのようなゲーム）が選択競技に指定されていた。

これに基づいてベルリン・オリンピックでは、公式十四競技とサッカー、ポロ、水球、ホッケー、ハンドボール、バスケットボールの選択競技およびカヌーの合計二十一競技を行っている。ドイツにとって、これらの競技を組織運営することはそれほどの難事ではなかったに違いない。

しかし、日本は事情がまったく異なっていた。明治以降、各種のスポーツを欧米から逐次導入、発展させてきたとはいえ、日本の競技水準は陸上、水泳などを除いて世界から大きく立ち遅れていたし、競技団体の結成も不十分であった。サッカーやバスケットボールといった球技は、ベルリン大会が初のオリンピック参加であり、フェンシング、カヌー、射撃、近代五種、重量挙げなどにいたっては、オリンピックに参加した経験もなければ、国内的な組織も確立されていなかったのである。組織委員会発行の『東京オリンピック報告書』には、競技プログラムの作成にあたった大日本体育協会の苦衷が次のように記述されている。

「(東京オリンピックの)競技種目として、体協側が最も困難に遭遇したのは、全く無経験と云ってよい、射撃、フェンシング、近代五種競技である。此種目がオリンピック大会としては、公式種目に取扱はれて居るが、日本にとっては何とかして之を行はずして済む方法はなきかと腐心したものである」

組織委員会事務局の執務風景

どうにも心細い話だが、できれば東京オリンピックの実施競技から除外したいという体協の願いは、当時の国内実情から見て無理からぬ面もあった。

たとえばフェンシングは、明治初年、陸軍戸山学校に片手の軍刀術として伝来していたが、それはあくまでも戦闘技術訓練用に限定されたものであり、スポーツとして登場したのは一九三四年以降のことである。しかも、その普及度たるや、慶大や法大などにやっとクラブが結成された程度であった。したがって、当時の日本にはオリンピックに出場できるような選手は一人も見あたらない。

競技レベルの低さに加えて、日本固有の剣道を重視する立場から、第一回アテネ大会以来オリンピックで継続実施されてきた伝統種目フェンシングを排除しようとする動きも目立ってきた。一九三六年十二月二十八日、体協が第二回組織委員会総会に提出した競技種目調査によると、フェンシングは、「一部ニハ我国ニ剣道ナルモノガ厳然トシテ存スルニ、徒《いたず》ラニ欧米ニ倣ッテ『フェンシング』ヲ輸入スルノ要ナシ、之ガ輸入ハ我剣道ヲ毒スルトモ益ナシト見ルモノアリ、此点研究ヲ要スルモノナリ」との理由で、「第十二回（東京オリンピック大会）ニ開催スルカ否カ将来研究ヲ要スル」種目とされている。

同様に近代五種競技も、「主トシテ欧米ノ軍人ノ行フ競技ナリ、我国ニ於テハ既ニフェンシング、射撃ニ於テ難点アリ、馬術ニ関シテモ考慮ノ余地多ク、之等ノ種目ヲ綜合シテ行フ選手ノ養成モ困難ナルノミナラズ、強ヒテ行フ事ノ可否ニ関シテモ相当議論アルモノト信ズ」と、東京大会での実施に否定的な見解が述べられていた。

一九三七（昭和十二）年一月十二日、体協のオリンピック委員会は、ＩＯＣの了解を得ることという条件つきながらも、フェンシングと近代五種競技を東京大会から除外する方針を決定し、翌十三日の第四回組織委員会総会でも体協案が承認される。

だが、ヨーロッパの伝統競技を締め出そうとする日本側の動きに対し、IOC会長バイエ=ラトゥールは強硬に抗議し、その年の六月、ワルシャワ（ポーランド）で開かれるIOC総会で日本の提案が拒否される可能性も出てきた。このため、四月二十三日開催の第十四回組織委員会総会では、IOC委員副島道正の要請により、フェンシングを実施競技に再び組み入れるという狼狽ぶりを演じている。

競技場の建設場所

さらに困難かつ厄介だったのは競技場の建設場所である。とりわけて難航をきわめたのは、開・閉会式や陸上競技の会場となる最重要のオリンピック施設、メインスタジアムの立地問題であった。

東京市は当初、メインスタジアムをはじめとする主要競技施設の建設場所として、隅田川河口付近の月島埋立地をあてる計画をたてていた。関東大震災後の都市計画の一環として大々的に埋立地を造成し、そこで万国博覧会とオリンピックを開催するつもりだったのである。だが、海岸の月島埋立地は、風が強いため競技運営に支障の出ることが懸念され、さらに万博会場の隣接地に競技場を建設することはIOCの不興を買うおそれがあった。

このため、「第十二回国際オリムピック大会招致委員会」は一九三六年三月十六日、既述のようにメインスタジアムの設置場所を明治神宮外苑とし、外苑競技場の敷地を拡張して新たに十二万人収容の競技場を建設するという「招致計画大綱」をまとめている。もっとも、この「大綱」はIOCベルリン総会を前に急遽作成したものであり、委員会では一部委員から異論も出たため、場合によれば建設地の変更もあり得るという条件が付帯されていた。

東京市長牛塚虎太郎は「大綱」作成後も月島埋立地案に強く執着していた。オリンピックの東京招致決定後、『東京朝日新聞』は「東京大会の指針」と題する座談会を開いたが、このなかでも牛塚は、「神宮競技場の改造よりも別の場所に新設するほうが経済的であり、月島ではいくらでも敷地が提供できる」と、埋立地に建設することのメリットを強調し、「神宮外苑が適当」と主張するIOC委員副島道正と対立している。だが、副島以外にも月島案への反対意見が多く、牛塚も自説を撤回せざるを得なかった。

月島メインスタジアム構想を掲げた第15代東京市長牛塚虎太郎

一九三六年十二月二十四日の第一回組織委員会総会の席上、牛塚はメインスタジアムの候補地として代々木、品川、駒沢、上高井戸、神宮外苑など九ヵ所をあらためて提案し、至急調査するように要望した。これに対し、体協新会長大島又彦は、明治神宮を中心とする地域に各種競技場を建設する案を提出し、組織委員会内に設けられた競技場調査委員会は、第一候補地代々木（明治神宮に隣接する陸軍練兵場）、第二候補地千駄ヶ谷（神宮外苑競技場西側一帯の民有地）、第三候補地青山射撃場跡、第四候補地駒沢ゴルフ場など、第七候補地までを選定する。

ところが、第一候補は練兵場転用について陸軍側の同意が得られないこと、第二候補も民有地の買収が困難なことなどから、体協理事会は二月四日、第三候補の青山射撃場跡を推薦する方針を決定したが、その四日後、今度はＩＯＣ委員副島道正が、神宮外苑を大拡張してメインスタジアムのほか水泳競技場や球技場も同一地域内に建設する私案を発表すると、同じＩＯＣ仲間の嘉納治五郎が「途方もない夢物語だ」と反対。さらにヨット会場は芝浦沖か横浜沖かで東京市と横浜市が対立するなど、東京オリンピックの競技会場をめぐる論議はいっこうにまとまる気配がなかった。

組織委員会の作業がさっぱり進捗せず、東京招致決定から半年たっても競技場が未定という事態は、外電で海外各国にも報道された。ＩＯＣ会長バイエ＝ラトゥールは、「日本の準備は、車を曳くべき馬の前に車を置いて、いたずらに事を急いでいるようだ」と、皮肉まじりの書信を副島に寄せ、早急に開催準備を軌道に乗せるよう督促している。

議論百出の末に組織委員会は、一九三七年二月二十三日、メインスタジアムには神宮外苑競技場を改造してあてることをようやく決定した。が、これは政府にオリンピック補助金五百万円の支出を要求するための事務的必要に迫られ、いわば急場の間に合わせに承認したもので、それ以外の主要施設は依然として建設場所が決まらず、大会会期や競技プログラムも何ひとつ具体的には確定していなかったのである。

二月二十四日付『読売新聞』で、同社運動部長星野《ほしの》龍猪《たつい》は組織委員会の内部不統一ぶりをきびしく批判した。

「（組織委員会では）如何せん、各委員とも排他的の島国根性を露骨に発揮して譲らず、いつの会合も勝手な熱の吹き合ひに終始して纏《まと》まらず、すっかり揉みくちゃにされた結果は現在の外苑施設を改造拡張するといふ変哲もない極めて貧弱な案に落ちついてしまった……この貧弱施設と相並んでスポーツ界を失望させてゐるのは、組織委員会において一致協力スポーツ界の総意を代表行動すべき嘉納、副島両IOC委員や大島、平沼体協正副会長等が事毎に意思の疎通を欠いて歩調が揃はないことで、端《は》しなくも『IOC委員と体協とを含めた』わがNOCの甚《し》だしい無統制が暴露され、その虚に乗じて東京市側が頻りと駆引戦術を行った結果、会議の方向は兎《と》もすれば軌道をはづれがちであり、このまま推移すれば『東京大会が果して無事に開けるか？』とまで憂慮の起ってくるの

当時の神宮外苑競技場

も至極当然といはねばならない」

東京招致に協力し、同年春に訪日した米国IOC委員ウィリアム・メイ・ガーランドも、帰国すると早速、日本の組織委員会の内輪もめに懸念を表明したほどであった。さらに、この神宮外苑競技場改造計画は、内務省神社局の横槍で暗礁に乗り上げてしまう。

五月十八日、第十五回組織委員会総会に内務次官代理として出席した神社局長児玉九一《こだまきゆういち》は、「風致上、管理上の問題および明治神宮外苑が国民の浄財で造苑された記念物であることなどから、内務省としては同競技場の改造計画案には同意し難い」と反対意見を述べ、翌日、十九日の組織委常務委員会に、外苑接続の民有地を買収して新競技場を建設するという内務省案を提出した。だが、短期間での土地買収や家屋移転は困難であり、かといって、内務省神社局がこの問題で態度を軟化させる見込みはまったくなかった。

組織委員会の危機感は、七月五日に開かれた第十六回総会の議事録からも看取できる。

「大会競技場……ノ位置決定ニ付テハ、本年二月二十三日ノ組織委員会ニ於テ小委員会ノ調査報告ヲ承認シ、其主競技場トシテハ明治神宮外苑競技場ヲ以テ充テラルベク各種ノ準備ヲ進メ居リタルニ、其改変ハ内務省ノ反対ニ遭遇シ殆ンド絶望的ノ情況ニ逼《せま》リタル……」

内外情勢の急転

これに先立ち、IOC委員副島道正は四月二十八日、東京オリンピックの準備状況をIO

Cワルシャワ総会で説明するため米国まわりで横浜を出航した。副島の乗船した龍田丸は、東京オリンピックの行方を暗示するかのように、ホノルルに入港するまで終始十五メートルの向かい風にあおられて難航し、ハワイ到着は二十時間も遅れた。同航路に十二年間従事している龍田丸船長にとっても、このような大幅遅延は初めての経験であった。

副島がハワイで驚いたことは、面会に訪れた日系人も米国人も、「組織委員会の内紛つづきで、東京オリンピックは成功の見込みがないのではないか？」と、異口同音に質問したことである。

東京オリンピックが決定してから九ヵ月しかたっていなかったが、この間に日本を取り巻く内外情勢は急転していた。

前年、一九三六年十一月二十五日には日独防共協定が締結され、日本とドイツは枢軸国結成の第一歩を踏み出していた。年が明けた一月二十一日、政友会代議士浜田《はまだ》国松《くにまつ》は軍人の政治関与を激しく批判し、陸相寺内寿一に「速記録を調べて僕が軍隊を侮辱した言葉があったら割腹して君に謝する。なかったら君割腹せよ」と詰め寄った。有名な「腹切り問答」である。

これを契機に広田内閣は総辞職し、宇垣《うがき》一成《かずしげ》が組閣に失敗したあと、陸軍大将林《はやし》銑十郎《せんじゅうろう》が組閣するなど、政局は猫の目のように変わった。林内閣も短命に終わるが、この内閣は軍部の独裁的性格が強く、すこぶる不人気であった。海外でも日本の急速なファッショ化に警戒感を増幅させ、東京オリンピックについても、そのあおりを受ける形で前途に不安を抱く空気が醸成されつつあった。

副島はニューヨークで、ベルリン大会のボイコット推進派だったジェレミア・マホネーを招待し、東京オリンピック支持を要請した。マホネーは了解したが、二人がラジオで対談する試みは、反対の動きがあって中止される。米国内の空気もしだいに反日的になっていることを、副島は痛感しないわけにはいかなかった。

五月二十七日、ロンドンに到着した副島を追いかけるように、IOC会長バイエ＝ラトゥールから電報が届いた。三十一日にロンドンを訪ねるという知らせである。二人の話し合いは深更におよんだが、副島は、矢継ぎ早に質問を浴びせられ、冷や汗をかかねばならなかった。ラトゥールは、副島がびっくりするほど「東京情報」に精通していた。

表情を引き締めたラトゥールは、「日本の組織委員会の混乱ぶりを知って、東京オリンピックは取り消すべきだという意見が小国の間で起きようとしている。一日も早くメインスタジアムの建設地を明治神宮外苑と最終決定し、専門的知識を有する技術顧問を招聘せねばならない」と、語気を強めて言った。

IOCベルリン総会で第十二回オリンピック大会の開催地を決定するとき、小国のIOC委員の多くは東京ではなくヘルシンキを支持したが、その後の日本側のもたつきが原因で、ほかの委員たちも東京批判の動きを見せはじめていたのである。ラトゥールは、東京オリンピックを円滑に運営するため、元ベルリン大会競技部長ウェルナー・クリンゲベルグを組織委員会技術顧問として早期に招聘することも要請していたが、日本側はこんな簡単なことにも返事のできない状態が続いていた。

前年三月の訪日以来、東京オリンピックの実現に尽力してくれたラトゥールは、何とかして大会を成功させたいと決意していたが、遅々として進まない日本の準備に焦慮し、強い不満を抱いている様子であった。

最後にラトゥールは、「満州国参加については、自分は個人的には同情しているが、そのためには独立国として国際的に承認されることが先決だ」と述べ、この問題にこだわりすぎると、東京大会が新たな困難に直面することを示唆する。副島も同感であった。

「冬季」も札幌に決定

ＩＯＣワルシャワ総会は、六月七日の開会式後、翌八日から四日間、ホテル・ヨーロッパで開かれた。組織委競技部嘱託として副島に随行した李相佰《イサンベク》によれば、総会での日本の評判は芳しいものではなかった。各国ＩＯＣ委員は、日本がオリンピックを純スポーツ的立場から離れて政治的に利用するのではないかと危惧し、ラトゥールと同様、組織委員会の事績があがらぬことに不信感をつのらせていたのである。

四日間、十九時間にわたったＩＯＣ総会の討議は、ほとんどが日本問題に費やされ、幾度となく答弁に立った副島は一時発声不能に陥ってしまった。ＩＯＣ会長ラトゥールが懸命に東京オリンピックを擁護しなければ、総会は乗り切れなかったかもしれない。

ラトゥールは総会の開会演説で東京オリンピックを支持するとともに、冬季大会も日本で開催することが妥当と熱弁をふるい、議事に入ってからも、日本に対する小国の不満を解消するための努力を惜しまなかった。

第12回オリンピック東京大会（札幌冬季大会も）のポスター

おかげで、ワルシャワ総会では、とにもかくにも「東京オリンピック否認論」が噴出する事態だけは回避することができたのである。

この総会で確認された東京オリンピックの実施競技は、陸上、ボクシング、自転車、馬術、フェンシング、体操、近代五種競技、ボート、射撃、水泳、重量挙げ、レスリング、ヨット、芸術競技、サッカー、水球、ホッケー、バスケットボールの十八競技で、このほかオープン種目として武道と野球が採用された。大会の会期は一九四〇年八月の最終週から九月第一週と決定する。

一九四〇年の冬季オリンピックについては、「夏季大会開催国が冬季大会も挙行できるとの十分な保証があれば、冬季大会もその国に優先的な開催権がある」とする当時のオリンピック憲章の規定により、札幌が開催地に選定された。IOC総会で不評を買っていた日本にしてみれば、東京オリンピックの開催確認と合わせて、上々ともいえる首尾であった。

副島は総会後、ロンドン、ニューヨーク、シカゴ、シアトルと、往路の逆をとって帰途についた。途中、ロンドンでは、日本の名声回復のためには東京オリンピックの成功が不可欠であると、「某英国高官」から諄々《じゅんじゅん》と説かれる。

副島道正は太平洋上の平安丸で、組織委員会会長徳川家達にあてた長文のワルシャワ総会報告書をしたため、終章にこう書いた。

「英国の某首領本代表に告げて曰く願くはスポーツを軽視する勿《なか》れ。日本人が真に偉大なる民族なるや否やは、或点に於ては、東京大会の成否如何による。軍国としての日本は強大なり。産業日本に対しては敬意を表せざるを得ず。日本は世界の驚嘆する所なると同時に、一種の謎である。敬神国の日本が、何んの理由あって、皇紀二千六百年にふさはしき設備に着手せざるや。何故に、平和の使徒として来るべき、外客収容の道を、速かに講ぜざるや。東西民族の接近及其文明の調和は一に此大会の成否に由る。大チャンスとは即ち是れなりと。真に其言の如し」

決意をこめて、副島は記述している。

「夏冬両競技を獲得せる日本は、其面目上、必死の努力と莫大なる犠牲を覚悟せざるべからず……我国民が双肌《もろはだ》を脱ぐべき時は正に到来せり」

4 日中戦争勃発

戦争の暗雲

ＩＯＣ委員副島道正が乗船した平安丸は、往路の龍田丸と同様に悪天候下の航海が続いた。このため、船体は連日はげしく揺れて病気がちの副島を苦しめたが、それでもワルシャワ総会が無事に終了したことで、一応の安堵感が全身をつつんでいた。

だが、東京オリンピックは容易ならぬ事態に直面していた。日中戦争の勃発である。戦争の発端となったのは「盧溝橋事件」という偶発的な武力衝突事件であった。一九三七年七月七日夜、北京郊外盧溝橋付近で日本軍一個中隊が演習中、数発の銃声が響き、同時に日本兵一人が行方不明になる。この兵はやがて発見されたが、報告を受けた連隊長牟田口廉《むたぐちれん》也《や》大佐は所属大隊を現地に急行させ、戦端が開かれた。二日後にいったんは停戦が成立し、この小規模な軍事衝突事件は終息したかにみえたのだが……。

この事件の一ヵ月前の六月四日、わずか四ヵ月で退陣した林短命内閣に代わり、四十六歳の公爵近衛文麿を首班とする第一次近衛内閣が発足していた。近衛は当時の政局の混乱をおさめる切り札的存在とみられ、国政刷新の期待を一身に集めての登場であった。だが、この壮年貴族は、聡明かつ「聞き上手」として多くの支持者を得た反面、気力と決断力に欠けるきらいがあった。

近衛内閣は事件当初、あくまでも不拡大・現地解決主義を標榜していながら、事態悪化を警戒した陸軍の要望をいれて、内地から三個師団、朝鮮から一個師団、満州から二個旅団の華北派兵を承認した。政府も陸軍も、大軍を送って強力な一撃を加えれば、中国は屈伏するという安易な予測にとらわれていたのである。

だが、華北派兵決定は局地戦から日中全面戦争への引き金となり、戦火は北京、天津へと拡大し、八月十三日には上海でも日中両軍が衝突した。以後、戦場は中国大陸の奥地まで果てしなく広がり、日中戦争は「宣戦布告」なき「事変」として八年間もの長期にわたり継続することになる。

八月六日、横浜に帰着したＩＯＣ委員副島道正は、「開催準備がこれ以上遅延すれば、東京オリンピックは取り消しとなるおそれがあり、札幌冬季大会の開催も困難になる」と警告した。が、この時点では、よもや日中戦争が長期化するとは予想しなかったはずであり、このため、副島の発言も戦火拡大の影響を懸念するよりは、もっぱら組織委員会の奮起をうながす内容となっていた。

副島の出発前と同様に、オリンピックの開催準備はほとんど進展していなかった。その組

組織委員会事務総長に就任した永井松三

織委員会は八月十二日、四ヵ月ほどで辞職した事務局長久保田《くぼた》敬一《けいいち》の後任として永井《ながい》松三《まつぞう》を選出する。外交畑出身の永井は、ベルギー、ドイツなどの大使や外務次官を歴任し、国際連盟総会代表、ロンドン海軍軍縮会議全権委員も務めた国際通であった。組織委員会の職制改称により永井は事務総長に就任し、これで事務局の顔ぶれがようやく充実してきた。

一方、東京オリンピック招致の前後を通じて大日本体育協会としばしば対立した第十五代東京市長牛塚虎太郎は、五月九日、任期満了で退任していた。戦前の東京市長は市会との対立などから任期途中で辞職する例が多く、四年間の任期いっぱい務めあげたのはきわめて珍しい。後任の第十六代東京市長に就任したのは浜口内閣時代の文相、小橋一太《こばしいちた》で、小橋は牛塚に代わって組織委副会長にも選出された。

しかし、組織委員会は新体制を発足させて間もなく、日中戦争がもたらした最初の暗雲に遭遇する。東京オリンピックの馬術競技代表選手には、現役将校中からロサンゼルス大会金メダリスト西竹一、ベルリン大会代表岩橋学の両騎兵大尉ら七人が決定していたが、戦火が拡大の様相を呈してきたため、陸軍省は八月二十五日、準備中止を発表したのである。

「第十二回国際オリンピック馬術競技の参加に関しては、陸軍は曩《さき》に規定を定めて西騎兵大尉以下七名の陸軍選手を選考決定し、必勝を目指して向後三年間の訓練調教に従事せしむることとなりありしも、時局の拡大は遂に現役将校をしてオリンピックの準備訓練に専念するを許さざるの情勢に立到りたるを以て、茲《ここ》に陸軍はオリンピック馬術の準備中陸軍に関するものに限り之を中止することに決定せり」

陸軍省は、「東京オリンピックに対する陸軍の協力方針に変化はない」という新聞班長談話を発表し、組織委員会の新事務総長永井松三も「時局多端の折から、オリンピックのような有意義な大事業は、むしろ断固遂行することが国策に添う」と、大会開催に邁進する決意を強調した。

だが、日中戦争の開始を契機に、東京オリンピックに対する軍部の意向は明らかに変化していた。従来は「消極的賛成」とでもいうべき態度だったが、戦火拡大後は戦争遂行に一切を集中する立場から東京オリンピック反対へと方針を転換し、組織委員会や東京市に有形無形の圧力をかけてくるようになる。

「開催返上」の風説

ところで、陸軍省が発表した「馬術準備中止」の衝撃波は、単一の競技に関するものとはいえ決して小さくはなかった。

八月二十六日付『都新聞』（現東京新聞）夕刊は、「東京オリムピックに危機　或は投出しの運命か」の見出しで、オリンピック返上もあり得ると報道し、IOC委員副島道正の次のような談話も掲載している。

「時局は何処まで拡大するか憂慮されてゐる程長びかないとしても、戦局の発展如何ではオリムピックそのもの迄も考へねばならぬと思ひます……オリムピックを返還するかどうかは今のうちに決しなければならない……この際だから政府も率直な意向を示してほしいと思ふ。そしてオリムピック開催に政府が不賛成なら、東京大会の取消も又已むを得ない」

日本のスポーツ界幹部の口から「東京オリンピック返上」の可能性が公式に語られたのは、これが最初であった。オリンピックを推進する立場のIOC委員としては、かなり早手まわしのストレートな発言だと思うが、この時の副島は、いきなり「大会返上」に進むのではなく、陸軍の準備中止決定という新しい事態を迎えて、あらためて東京大会についての政府の態度を確認しておきたいと考えたのだろう。

東京オリンピックが国家主導型になるかスポーツ界中心型となるかに関係なく、大会を成功させるためには政府の財政援助が不可欠である。

〈日中戦争下でも、政府がオリンピック開催に理解を示し、援助を惜しまなければ立派な大会を開くことは可能だ。だが、そうでなければ……〉

思いつめた副島は、八月三十日、独自の判断で首相近衛文麿を訪問する。

「戦争は戦争として、一九四〇年のオリンピックはぜひ開催したいと思いますが、そのためには予算が足りません。政府が東京大会を支持していただけるならば、補助金をさらに五百万円増額していただきたい。それが不可能なら、大会中止もやむを得ないかもしれません」

副島は、かつてムソリーニに直訴した時のように、熱誠あふれる態度で政府の協力を要請した。だが、首相近衛文麿は、IOCウィーン総会出席の嘉納治五郎を東京駅頭で見送った四年前とは異なり、もはや東京オリンピックへの大きな期待感を示すことはなかった。

近衛は文相安井英二《やすいえいじ》を招いて協議し、政府の開催方針は既定どおりと非公式に発表したが、肝心の補助金増額要求は内相馬場鍈一《ばばえいいち》の反対で実現しなかったうえ、副島の動きはかえってオリンピック返上の風説を生み、海外にもニュースとして伝播《でんぱ》される。

同じ日、大日本体育協会会長で組織委員会副会長の大島又彦が辞任した。一身上の都合というのがその理由だったが、組織委員会の内紛や陸軍の馬術不参加問題などで血圧が上昇したためとの噂がもっぱらであった。

九月一日には、東京葛飾区本田淡ノ須町会が東京オリンピック開催反対を決議し、大会中止要望書を外相広田弘毅に提出する。

「現下国家非常時ノ場合ニ於テ巨万ノ費用ヲ必要トスル国際オリンピック開催ノ如キハ、此際速カニ関係諸国ニ宛断リ状ヲ呈出シ、挙国一致時局ノ解決ニ当ルベキモノト信ズ」

同日、イタリアの新聞各紙は、日本は東京オリンピックを辞退するだろうと報道した。

『東京朝日新聞』は、日中間の全面衝突の気配が濃厚になったことと、日本の大会準備が進捗せず、陸軍の馬術選手も出場を中止したことなどがその理由だと解説しているが、副島の動向に関するニュースも少なからず影響を与えたと推察される。

東京大会をめぐる混乱がしだいに拡大するなかで、近代オリンピックの主唱者ピエール・ド・クーベルタンは九月二日、ジュネーブの公園を散策中、脳出血のため七十四歳で急死する。クーベルタンは生前、日本国民にあててメッセージをしたため、日本に赴任する組織委員会技術顧問ウェルナー・クリンゲベルグに寄託していた。

「第十二回オリンピック大会を東京に於て開催する日本の使命は、今日迄何れの国に与へられた使命よりも遥かに重大である。

東京オリンピック大会は、単にオリンピックの炬火を世界に照し、全亜細亜（アジア）に近代オリンピック精神を最も懇篤なる方法によりて普及せしめるのみならず、古代欧州文明の最も貴重なる所産たる世界的なヘレニズムを、最も洗練された亜細亜の文化芸術と結び付けるものである」

このメッセージにみられるように、クーベルタンは現実の政治状況などに顧慮を払うことなく、オリンピックについては終生、理想主義的かつ観念主義的な理念を抱いていた。だが、いずれにしても、一貫して東京オリンピックを支持していたクーベルタンの死は日本にとっても大きな痛手であった。

河野一郎の「返上論」

副島のほかにも陸軍の準備中止決定に敏感に反応した人物がいた。政友会代議士河野《こうの》一郎《いちろう》である。早大競走部出身の河野は、陸軍省発表から五日後の八月三十日、自分が会長をしている神奈川陸上競技協会の緊急役員会を招集し、東京大会の中止を決議するとともに、オリンピック返上へ向けての具体的行動を開始した。

河野は戦後、第十八回オリンピック東京大会の直前、池田内閣でオリンピック担当国務相に就任し、持ち前の強引ともいえる政治力を発揮して、開催準備の先頭に立った。だが、皮肉なことに、その二十七年前には東京オリンピック返上論の急先鋒だったのである。

九月六日、第七十二回帝国議会衆議院予算委員会で、代議士河野一郎は東京オリンピックの中止を政府に迫った。

「今日全国の青年団でオリンピックを目標に練習をしてみたり、準備をしてみたりするような呑気な青年団は一つもない。私の知る限りでも、もう一切の運動競技を中止しよう……その時において政府自身が肚《はら》が決まらぬとは一体何だ、そんなことで精神総動員であるとか何だとかいうようなことを言って、

オリンピック開催に反対した衆議院議員河野一郎

一体どうなるか、本当の政府の肚は何処なんだ……軍人さんが馬術の練習を止めるならば、国民も（オリンピックを含めて）全部止めなければならぬ、これが日本国民の華である。この認識をどうして持たないか」

首相近衛文麿は「オリンピックを開催するや否やということに付きましては、関係の団体とよく協議しました上で、政府として近くその態度を決めようと思います」と答弁し、一週間前、副島との会談後に言明した「予定どおり開催」から後退した姿勢をみせた。

河野は、その半年前、三月二十日の第七十回帝国議会衆議院予算委員会でも、満州情勢が「一触即発」の緊張下にあるとする内閣のイデオロギーと、平和の祭典オリンピックを開こうとするイデオロギーは相反するのではないか、と政府の見解を質している。

これに対し、当時の首相林銑十郎は「今日本の国が中心となりここにオリムピックの会が行われ、世界の選手が集って来るということは、この事柄（『一触即発』の満州情勢）とはよほど趣意が違います……日本に各国の選手が集って、各国が協力してこのオリムピックの大会をやる、そこに各国の間の親密が益々高調されるということは結構なことであり、希望すべきことであります」と、東京オリンピックの開催を積極的に支持する意向を表明した。その一週間後の三月二十七日、衆議院は東京オリンピックへの国庫補助金四百三十万円の支出を可決し、二日後、貴族院でも同様に可決されている。

これをみても、日中戦争の拡大をきっかけに、軍部の反対方針に引きずられる形で、政府

近衛文麿首相と会談する組織委員会首脳

の態度が「協力」から「関心喪失」へと急変したことは明白であった。

第七十二回帝国議会での河野質問の当日、九月六日深夜、内閣書記官長風見章《かざみあきら》は内閣記者団と懇談して「東京オリンピックの開催は困難」であることを示唆し、翌日の新聞各紙は政府が東京大会を中止するとの記事を一斉に掲載した。二週間前の陸軍省発表は馬術競技に限定したものだったが、今度の報道は大会そのものの中止というだけに、組織委員会と東京市は仰天し、国内は震撼した。

反響の大きさに驚いた内閣書記官長風見章は、新聞記事が誤報であると釈明した。組織委員会と東京市は緊急会議を開き、「規模を縮小してもオリンピックは既定方針どおり開催する」ことを確認したが、動揺は隠せなかった。

組織委員会会長徳川家達、事務総長永井松三らは九月八日、首相近衛文麿を訪問して大会への協力をあらためて要請したが、政府は態度を明確にせず、「今日の情勢にては、オリンピック大会開催の賛否につき意見を申述ぶべき時期に適さざるを以て、暫く情勢の推移を見たし」との声明を発表する。あいまいな表現の政府声明は、かえって誤解と混乱を助長する結果となった。

IOC委員副島道正は、「大会中止」の新聞報道に関連して、東京オリンピックの見通しを九月七日付『東京朝日新聞』でこう語っている。

「私は、東京大会に対して次のやうな三段の考へ……第一は、早く皇軍が大勝利を得て東京大会には世界五十数国の選手をあつめ皇国の偉大さを示したい。第二に東京大会は遠慮した方がいいと考へるやうな不幸な時が来たとしたら、一日も早く(組織)委員会の態度を決定してIOCに通知せねばならぬ……日本がせっぱつまってオリンピックを投げ出し、何処にも開けないやうになったとしたら、日本は永久にオリンピックに参加する面目を失ふであう。第三に、自分も最悪の場合を考へてはゐたが、その場合は自発的に辞退を申出ようと思ってゐた」

この談話では、第一の想定として、日本軍の大勝利のうちにオリンピックを開く場合をあげている。だが、副島は英米両国に知己が多く、一九三二年から太平洋戦争開戦時まで駐日米大使だったジョセフ・グルーとも接触があったので、そのルートを通じて中国の抗日意識の高揚ぶりを知悉《ちしつ》し、戦争の早期終結は困難と推測していたのではないだろうか。

そして副島は、東京オリンピックを予定どおり開催するか、それとも早期に返上するかについて、だれにも相談せずに孤独の苦悩を続けることになる。

国内の新聞報道の波紋は海外にも広がり、駐独大使武者小路《むしやのこうじ》公共《きんとも》は、九月八日、外相広田弘毅に急電を発してあくまでも大会を開催するように要望した。

「『オリンピック』大会東京招致モ取止メトナルヤモ知レストノ報道ハ、当国ニ於テ多大ノ衝動ヲ以テ報道セラレ……独逸側ニ於テハ『ヒトラー』ノ内意ヲ受ケ各方面トモ東京招致ノ為異常ノ努力ヲ傾倒セリ、然ルニ此ノ際万一我方ニ於テ之カ見合セヲ決定スルカ如キコトアランカ我方トシテ信ヲ国外ニ失フハ勿論、現下時局ニ鑑ミ日本カ如何ニモ支那事変ヲ持チ扱ヒ極メテ苦境ニ立テルカ如キ感ヲ与フルコトトモナリ帝国ノ威信ニモ影響スル所鮮《すくな》カラス」

この武者小路電は、東京招致の裏にはドイツの絶大な協力があったことをはからずも露呈しているが、それだけにドイツ関係者の憤激と落胆は大きかったに相違ない。

ローマからパリの駐仏大使に転出していた元ＩＯＣ委員杉村陽太郎も、「（パリの）七日夕刊及八日朝刊ハ、日本ノ『オリンピック』開催放棄説ニ対シ異常ナル注目ヲ寄セ、一般ニ右放棄ハ日本側カ日支事件ノ為余力ナキト同時ニ事変ノ長引クコトヲ覚悟シ居ルニ出テタル決定ナリト観測シ居ル処……」との公電を外務省に寄せている。

諸外国の疑惑に応えるため、九月十日、組織委員会事務総長永井松三は「開催方針は不変」とする英文の声明を発表した。

組織委員会の海外向け英文広報紙『Olympic News』第五号（一九三七年九月十日付）も、「陸軍馬術選手の不参加が決定されたが、組織委員会は『事変』に妨害されることなく開催準備に努力を傾注している」と、大会開催の決意を表明した。さらに第六号（同年十月十日付）では、「たとえ日本政府の援助が欠如しても、東京市の熱意とスポーツ関係者の努力で困難を克服し、大会を開催する」という競技部長郷隆の声明を掲載し、札幌冬季オリンピックを含む大会の準備状況も詳述して、「大会中止」の風評一掃をはかろうとしている。

しかし、東京オリンピックに対する海外の疑念がこんなことで払拭できるはずはなく、日中戦争の激化とともに各国の不信感はさらに増大していった。

5　対立と苦悩の組織委員会

天皇の「開会宣言」は可能か

九月六日、河野が帝国議会で行った質問中に「（国民）精神総動員（運動）」という言葉がある。これは日中戦争の開始にともない、国民の戦争協力をうながすために始まった官製運動で、「挙国一致」「尽忠報国」「堅忍持久」などのスローガンのもとに、消費節約、貯蓄奨励、勤労奉仕、生活改善を説いていた。

大日本体育協会も十月十二日、国民精神総動員中央連盟に加盟するが、このころから日本のスポーツは急速に変質を余儀なくされている。

体協は、一九一二（明治四十五）年の第五回ストックホルム・オリンピックに日本選手を参加させるため、嘉納治五郎を初代会長としてその前年に創設された組織で、オリンピックへの参加と国民の体育奨励を主目的として活動していたが、スポーツと体育との関係が明確でないままに、それまでは自由主義的かつ国際主義的なスポーツに重点を置いていた。だが、日中戦争の勃発で国民体力の国家管理が強化されるようになり、体協もオリンピックを中心としたスポーツだけでなく、国家主義的な体育運動にも目を向けざるを得なくなる。

また文部省は、一九三七年十二月十六日、「国民精神総動員ニ際シ体育運動ノ実施ニ関スル件」を地方長官に通牒し、体育運動の目的について、「心身一体ノ鍛練ニ依《よ》リ、国民ノ体位ヲ向上セシメソノ精神ヲ振作シ、国民ヲシテ克ク国家ノ使命ニ応ズベキ健全有為ナル資質ヲ具《そな》ヘシムルヲ本旨トス」と規定した。こうして体育・スポーツは、否応なく「国策」や「国防」に合致するかどうかが価値判断の基準になり、「平和的」かつ「国際的」なスポーツの祭典、オリンピックの理念とは乖離していくのである。

ところで、河野は三月二十日の衆議院予算委員会で初めて東京オリンピックに疑問を投げかけたとき、見逃し得ないもうひとつの問題を提起していた。それは、東京オリンピックが開催された場合、オリンピック憲章に基づいて天皇が開会宣言をするのは日本の国情から考えて不可能ではないか、というものである。

河野は満州国の参加問題とともに、この開会宣言の実施方法が東京オリンピックの重大な支障になるおそれがあると指摘した。

当時のＩＯＣオリンピック憲章から開会式の関連部分を抜粋すると、

「国際オリンピック委員会会長および組織委員会会長は、オリンピック競技大会の開会を宣言される君主または主権者を主競技場入口で奉迎し……組織委員会会長は、君主または主権者にたいし競技大会の開会を宣言されるように要請する。

君主または主権者は起立され、つぎのように宣言される。すなわち『余は近代第〇回オリンピアードの開催にあたり、第〇回オリンピック競技大会の開会を宣言す』……」

この規定に基づき、ベルリン・オリンピックでは総統アドルフ・ヒトラーが開会宣言をしている。したがって、日本では天皇がその役割をになうことになるが、天皇は現人神《あらひとがみ》で「神聖不可侵」とされていた時代に、はたして宣言に立つことが可能だったのかどうか。

河野一郎は衆議院予算委員会で、「(天皇による開会宣言文の朗読は)我国の国情におきましては、こういうことは合致せぬと私は考える。かくのごとくに、『オリンピック』憲章の規定の通りに開会式の順序を進めることは……『(東京)オリンピック』開会の時にあたって必ず問題になる」と、政府の見解をただした。

組織委員会委員を兼務していた文部次官河原春作《かわはらしゅんさく》は、「日本の国体および国情にかんがみて、この規定通り実行することは適当でないと考えております。組織委員会においても議論になったことがございまして、あらかじめ(ＩＯＣ側の)諒解を得たい、と、こう考えております」と答えたが、河野は「国内の問題さえ決定の出来ぬところの貧弱な組織委員会が、かくのごとくに『オリンピック』憲章の根本に触れる問題について、ことにあたって物議をかもす、殊に事いやしくも天皇陛下の問題でありますから、私は特に深甚なる考慮をお願いする次第であります」と、いっこうに準備作業のはかどらぬ組織委員会を皮肉りながら、開会宣言の方法についてIOCと綿密に事前協議しておくことを要望している。

河野の指摘どおり、戦前は、オリンピックの開会式のような公開の場で天皇がお言葉を述べることなどは考えられなかった。天皇の声がマイクに乗ることさえ不敬とされていた。

これに関連して、放送局が戦慄した出来事がある。

一九二八（昭和三）年十二月二日、昭和天皇の即位大典を記念する陸軍特別観兵式が代々木練兵場で行われた。この模様を実況放送するため、東京中央放送局は天皇の位置から約五十メートル離れた地点に櫓《やぐら》を建て、そこにマイクを設置する。天皇の声が届かないようにと、距離を十分に確保したつもりであった。ところが、いざ式典が始まると、風向きの関係によるものか昭和天皇の声がきわめて明瞭にマイクにはいり、そのまま放送に出てしまった。当時愛宕山にあった放送局では、予想もしなかった事態にスタッフ全員が顔面蒼白になった。責任を感じた放送部長矢部《やべ》謙次郎《けんじろう》をはじめ担当者は進退伺いを提出する。

このときは宮内省、陸軍省などの了解でことなきを得たが、逓信省は再発防止のために「大演習・観兵式等の中継放送に関する措置」を決定し、十二月五日、各逓信局長に通達した。このなかで逓信省は、天皇の位置する「玉座」とマイクロホンの設置場所を十分に隔離すること、万が一にも天皇の声がマイクロホンに感受されるおそれがある場合は音声遮断の措置をとること、逓信局員を現場に派遣して放送を監視すること、などを指示している。

戦前の実況放送は、アナウンサーの隣席に逓信省の監督官がいて発言をチェックするなど、きびしい検閲下に置かれていたが、とくに天皇については、この通達のように「神格」を護持するための精細かつ入念な配慮がなされていたことがわかる。

そんなわけだから、オリンピックの開会式といえども、天皇が出席して開会宣言を行い、その声が電波に乗って世界中に放送されることを日本側が認めるはずはなかった。だが、外国人には理解しがたい日本の特殊事情をＩＯＣがすんなりと了承するかは疑問であり、逆にＩＯＣはオリンピックの権威保持の立場から、憲章遵守を組織委員会に申し入れてくるかもしれない。そうなると、ことは天皇に関する事項だけに、まことに面倒なことになる。

議会外でもこれを問題視する動きが出てきた。一九三八（昭和十三）年一月、東京麻布区谷町の桜民社という団体は、東京オリンピックの開催中止を求める請願書を首相あてに提出した。この請願書は、「君主または主権者」が開会宣言を行うというオリンピック憲章の規定について、「尊厳侵スベカラザル大権事項ヲ猥《みだ》リニ予定スル事ノ絶対ニ許ス可ラザルハ今更論ズルマデモナク……コノ様ナ規定ヲ持ツ、オリンピック大会ノ東京開催ヲ許容スル事ハ、我々日本臣民ノ断ジテ忍ブ能ハザル一大冒瀆デアリマス」と述べ、オリンピックは日本の国情に合致しないと断定している。

孤立する副島道正

一方、首相近衛文麿を単独訪問して補助金増額を要求したIOC委員副島道正は、それ以後、微妙な立場に追い込まれていた。組織委員会は副島の行動には関知しないという態度をとり、新聞は副島の動きが「東京大会返上」の風評を生む原因になったと批判した。この新聞報道がきっかけになったのか、代々木上原の副島の自宅には「国賊」と書いた手紙が舞い込むようになる。

副島道正は一九三七年九月十六日、IOC会長バイエ＝ラトゥール伯にあててペンを走らせた。組織委員会のなかでも浮き上がり、孤独感を深めつつあった副島にとって、ラトゥールは最も頼り甲斐があり、かつ、唯一といってもいい相談相手であった。

副島はかねてからラトゥールに絶対の信頼を寄せ、東京オリンピックをめぐる諸問題についても、しばしば手紙で連絡を取り合っていた。副島がこのベルギー人貴族をいかに高く評価していたかは、既述のワルシャワ総会報告書からも知ることができる。

「如何なる国と雖《いえど》も三四回、即ち立候補後十二年乃至十六年を経て、始めて（オリンピック開催都市に）選定せられたり。我国が僅か一回にして当選せるは、国威の然らしむる所なると同時に……一には又ラッール伯の終始一貫せる熱烈なる同情に因由するものと云ふべし……（ラッール）氏は昨年三月来朝以来、寝食を忘れて東京選定の為め東奔西走を意とせず

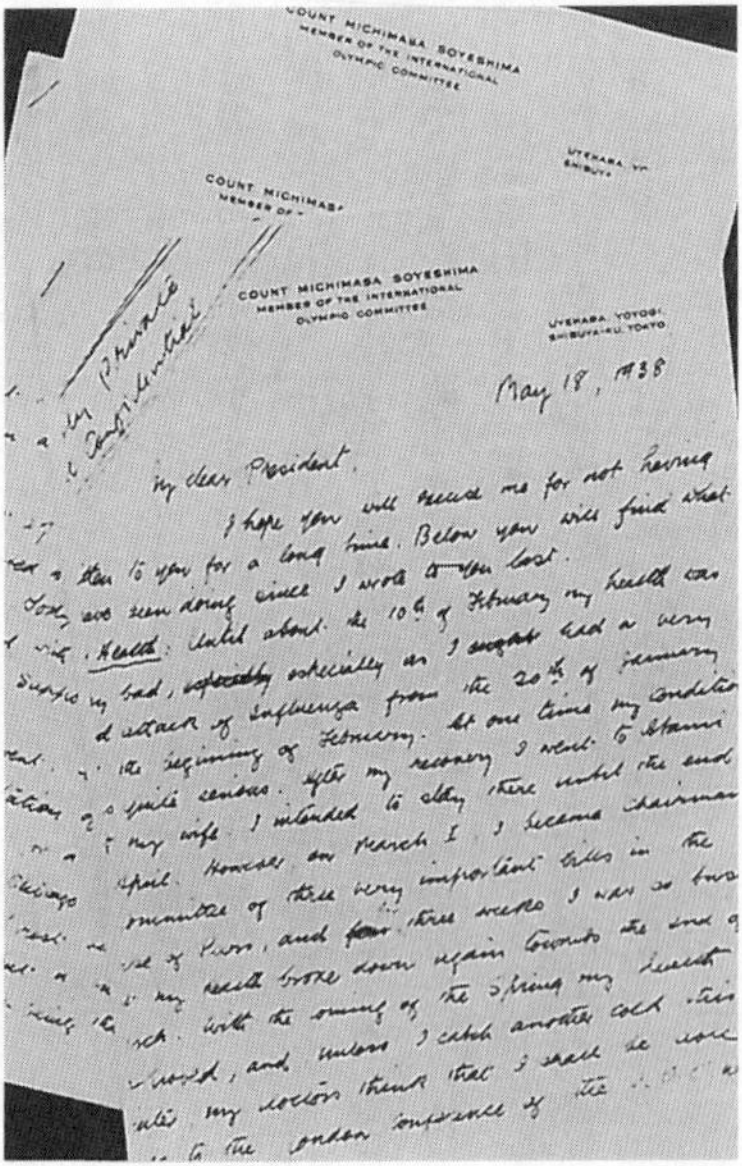
COUNT MICHIMASA SOYESHIMA
MEMBER OF THE INTERNATIONAL
OLYMPIC COMMITTEE
UYEHARA, YOYOGI,
SHIBUYA-KU, TOKYO

Private & Confidential

May 18, 1938

My dear President,

副島IOC委員からラトゥール会長への手紙

……」

頼みの綱ともいうべきIOC会長ラトゥールに対し、副島はこの書簡で、ワルシャワ総会から帰国後の日本国内の様子を詳細に報告している。

「久しぶりに組織委員会の会議に出席し、私が日本を留守にしていた間、東京大会の準備がほとんど進行していないことに限りない失望と悲しみを感じました。その席で、もしメインスタジアムが神宮外苑に建設されなかったらどうするかと質問され、その場合は組織委員とIOC委員を辞任すると応えました。近衛首相には、先日の補助金増額要求を撤回すると手紙で知らせました」

暗い話題を羅列しているなかで、この手紙にはひとつだけ副島の心をなごませた出来事が書いてある。駐日ソ連大使やフィンランドの大使らが副島を訪ね、東京オリンピックの成功を期待し、激励してくれたというのである。

副島はIOCワルシャワ総会後、駐ソ大使重光葵の勧めでモスクワを訪問した。オリンピックを「ブルジョア・スポーツの祭典」としてボイコットし続けているソ連が、東京大会にはどう対処しようとしているかを調査するためである。ソ連入りのビザは異例にも短期間で交付され、出入国にあたっても問題は皆無であった。副島は前年にもモスクワに滞在した経験があるが、そのときに比べて市民の服装はよくなり、表情もやわらいでいた。が、ソ連のスポーツ関係者にはついに会えなかった。副島の観察によれば、政府高官の大半は戦々兢々としてつねに不安に駆られており、もし面会すると、その本人に思わぬ迷惑がかかるかもしれない。東京大会への参加希望者がいるという情報も耳にしていたが、結局、副島は目的を達せぬままにモスクワを離れている。

こんなこともあったので、ソ連大使は自国選手の参加、不参加は別として、東京オリンピックが成功するように副島を激励したのだろうか。

しかし、このような例はきわめて少なく、日中戦争の詳細が外電で報道されるにつれ、諸外国の対日感情はますます悪化していた。在ニューヨーク組織委員会嘱託沢田《さわだ》一郎《いちろう》は、十月一日、東京の組織委員会にこんな手紙をしたためている。

「東京大会ニ対シ米国側一般ノ受クル印象ハ我国ニ頗《すこぶ》ル不利ニシテ、其ノ最モ大ナルモノニ東京大会中止説有之……(米国ノ)宗教、社会、並ニ労働団体夫々《それぞれ》日貨不買運動ヲ起シ始メ居ルガ現状ニ有之、一般民衆ノ感情ナリ輿論ガ日一日ト漸次悪化シ来レル事モ事実ニ御座候」

日中戦争はその後も拡大の一途をたどった。十一月には大本営が設置され、十二月には日本軍が南京を占領する。十一月六日にはイタリアが日独防共協定に参加し、大戦前夜を思わせる国際的緊張がいっそう高まろうとしていた。

嘉納と副島の相違

組織委員会技術顧問に就任したウェルナー・クリンゲベルグは、十月二十九日に横浜入港の秩父丸で来日し、虎の門の満鉄ビル四階に設けられた組織委事務局で執務を開始する。ハルトマン、クノーラの二人のドイツ女性秘書も着任し、若くてかわいいクノーラは日本の新聞記者の間でも人気があった。

辞任した大日本体育協会会長大島又彦の後任は、十一月二十九日、下村宏と決定する。下村は第二代体協会長岸清一の親友で、招致運動に消極的だった岸を説得するなど、オリンピックとは浅からぬ因縁があった。組織委員会の副会長も兼務した下村は就任にあたり、「東京オリンピックは、国際信義のうえからも絶対に返上はできない。紀元二千六百年にオリンピックを開くことは、非常に意義がある。オリンピックの設備は最小限度のもので結構であり、それよりも精神的な面の充実をはかることが重要だ」と述べている。

この談話で注目されるのは、「大会返上は国際信義にもとる」と下村が強調している点である。つまり下村は、オリンピックの開催を引き受けた以上、いかなる困難があっても大会を開くことが、ＩＯＣをはじめ世界のスポーツ界の負託に応える道だと考えていた。下村だけでなく、それが組織委員会や東京市の方針であった。日本で最初のＩＯＣ委員嘉納治五郎もそう確信していた。

この時期、嘉納治五郎の動静はほとんど新聞などに報道されていない。嘉納自身が手帳につけていた英文日記にも、オリンピック関係の記載はとくに見あたらず、わずかに十一月二十六日、クリングベルグの歓迎会に出席したことが書いてあるくらいだ。だが、みずから日本選手を率いて第五回ストックホルム・オリンピックに初参加して以来、つねに日本スポーツ界の大御所的存在だったこの老ＩＯＣ委員は、時局が緊迫化してもオリンピック開催という「国際公約」だけは守りぬこうと、なおも意気込んでいたのである。

副島と見解を異にしたIOC委員嘉納治五郎

しかし、ＩＯＣ委員副島道正の見解は嘉納とはまったく相反していた。

東京が万一返上した場合、代替開催都市はロンドンかヘルシンキになるだろうが、競技施設が整備されているロンドンでも準備に一年半、ヘルシンキは二年を要する。だから、返上するのであれば一日も早いほうがいい、それが国際信義を遵守することになる、と副島は説いていた。同じように「国際信義を守るため」と言いながら、双方の考えは完全に食い違っていたのである。だが、副島は迷いながらも、大会開催の望みをまだ捨ててはいなかった。IOC会長ラトゥールにあてた同年十二月三日付書簡にその気持ちの一端を垣間見ることができる。

「東京でのオリンピックをめぐる状況には大変失望しています。組織委員会事務局にはもう三ヵ月も行っていません。なぜなら、その間、組織委員会の会議がまったく開かれていないからです。けれども、十一月十八日、私は晩餐会に招待した内外の指導者や大使に、東京オリンピックは大丈夫だと話しておきました。

あなたには何とお詫びしてよいかわかりませんが、規模を大きくしなければオリンピックの開催は可能だと私は考えています」

副島の手紙に記載されているように、組織委員会は八月十九日に第十八回総会を開いたあと、三ヵ月余も総会を開催していない。政府の消極的態度により東京オリンピックの開催準備が停滞したためで、ようやく十二月二十七日に第十九回総会が招集されたが、会場には重苦しい空気が流れていた。

このときの総会議事録中、一般会務経過報告には「（大会準備のための）財政ハ政府及東京市ノ交付金ニ依リ極メテ窮屈乍《なが》ラ辛ウジテ支弁シ居レドモ、此窮状ノ為メ各委員ノ満足ヲ得ル程度ノ事業ヲ為シ能ハザルヲ遺憾トス」と、当時の窮迫ぶりがみられる。

こんな状態で、本当に大会は開催できるのか――東京オリンピックをめぐる賛否両論が渦巻くなかで、期日は容赦なく切迫しようとしていた。

6　四面楚歌のカイロ総会

各国で「反東京」の動き

一九三八（昭和十三）年は東京オリンピックの運命を決する年になる、と誰もが予測していた。大会を開催するとなれば、メインスタジアムなどの競技施設は年内にも着工せねば間に合わなくなるし、逆に返上するならば、これまた早期に決定しないと代替開催都市の準備に支障をきたすからである。

一月一日付『東京朝日新聞』は、「東京開催の意義を広く世界に示さん」との見出しで、組織委事務総長永井松三の次のような談話を掲載した。

「今や第十二回の東京大会を完成せしむべく努力する吾々はオリンピック本来の精神を伝へると共に、このオリンピックの中に日本文化を加へ、日本精神を盛《も》りオリンピックが東京市で開かれたことの有意義さを、世界に知らせ其偉蹟を長く竹帛《ちくはく》に残し世界歴史の上に我国の名を遺したいと希《のぞ》んでゐます……東京オリンピック大会を機会に、東洋文化の粋である日本文化と日本精神を知らしめ、如何にわが国が平和を希求し、世界列国中に冠たるも弟たらず、国際文化に尽してゐるかを悟らしめたいものです。他方、オリンピックを機会に国民全般が体力向上に努め、この大会に対して優秀なる成績を収めるなら、皇紀二千六百年の祝典として洵《まこと》にふさはしい、又意義ある企てと信じてゐます」

しかし、東京オリンピックに暗影を落とした日中戦争は、年が改まってもいっこうに終結の兆しがみえなかった。近衛内閣は一月十六日、「帝国政府は爾後国民政府を対手《あいて》とせず」という有名な声明を発表する。日本と中国国民政府との完全な関係断絶を招いたこの声明は、日中戦争解決のための大きな障害となり、早期和平は望み薄となってしまった。

このころから海外では、東京オリンピックをめぐる新しい動きが具体化してきた。交戦国である日本でのオリンピック開催を疑問視し、開催地の変更または東京大会のボイコットを提唱する国が現れてきたのである。

最初に「反東京」の火の手をあげたのは英国であった。

一月十五日付『ニューヨーク・タイムズ』によると、英国IOC委員ロード・バーレーは、「世界大戦を除けば、交戦国での大会開催という状況は前例がない。もし日本が何らかの理由で大会を辞退したら、開催地は東京と最後まで争ったヘルシンキかロンドンになるだろう」と、戦争当事国日本でのオリンピック開催に批判的な発言をする。

同じ英国のIOC委員ロード・アバーデアが二月一日、英国オリンピック委員会の会議終了後にAP記者に語った内容は一段と尖鋭化していた。

「わが国の委員会が選手を東京に派遣すると決定しても、そのための資金が集まるとは私には思えない……ベルリン大会のときのボイコット運動は英国では一部に存在しただけだが、日本に対する反感は全国的であり、米国の情報から判断すると国際的でもある……もし戦争が継続していれば、西洋諸国は危険な海域を通過して選手を派遣することの可否を真剣に考慮せねばならない」

この談話を報道した翌二日付『ニューヨーク・タイムズ』は、英国が東京大会の招待状を受理せず、ボイコットする可能性が出てきたと見出しで伝えている。

英国内の「反東京大会」の空気はさらに拡散し、英国陸上競技連盟副会長パッシュも大会ボイコットを表明したほか、シドニー（オーストラリア）の英連邦競技大会に参加した大英帝国競技連盟役員は二月十一日の会議で、「何国たるとを問わず、交戦国で開催されるオリンピックへの参加は好ましくない」という決議を採択する。

英国の動きに神経をとがらせた組織委員会の問い合わせに対し、駐英大使吉田茂は二月二十日、IOC委員ロード・バーレーとの会見結果を外相広田弘毅に連絡してきた。それによると、パッシュのボイコット表明は英国陸上競技連盟の意向を代表したものではなく、シドニーでの決議も英国オリンピック委員会は関知しないとのことで、バーレーは「英国ニテハ東京『オリムピック』大会ニ対スル反対ハ一部排日運動者間ノ空気ニ過キス、余リ強大トハ思料セラレサル」と述べたという。

だが、バーレーが「一部排日運動者間ノ空気」と説明したにせよ、近代スポーツの発祥地英国で起こった「反東京オリンピック」の動きは、ヨーロッパを中心とする各国に少なからぬ影響を与えることが予想された。

日本側は、英国などが交戦国での大会開催に批判の主眼を置いていたことから、もっぱら伝統的な「スポーツと政治の分離論」で対抗した。逆にみれば、日中戦争の終息のめどが立っていないため、「戦争とオリンピックは別物」と主張する以外に手はなかったというべきかもしれない。

たとえば、二月一日のアバーデア発言について組織委事務総長永井松三は、「日本に於ても政治とスポーツは明らかに区別されてをり、これが即ちオリンピック精神から発するところであると思ふが御互に冷静に考へて、スポーツの真意に即して行動したいものである……話せば判る事だと確信する」と反論し、大英帝国競技連盟の決議に対して組織委副会長下村宏は、「米国は諒解してゐるが英国自治領がオリンピックの神聖を無視して政治、感情の両問題を混同してゐるのは遺憾」との談話を発表している。

スポーツと政治の分離論はＩＯＣの基本原則ともいえるが、「下村談話」にもみられるように、当時この原則を忠実に履行していたのが米国であった。とくに一九三六年のベルリン大会のとき、反対運動を抑えて選手を参加させた米国オリンピック委員会（ＵＳＯＣ）委員長アベリー・ブランデージは、今回も「東京オリンピック支持」の旗幟《きし》を鮮明にしていた。

ブランデージは一月十三日付ならびに二月十二日付『ニューヨーク・タイムズ』で次のように発言している。

「オリンピック委員会と競技者にとって、日本の軍事政策が好きか嫌いかということは重要なことではない。われわれの唯一の関心事は、日本が大会を確かに準備できるかどうかということである。米国オリンピック委員会は、スポーツはあらゆる政治的、人種的要件を超越するという立場を堅持してきた。われわれは一九三六年のときもこの原則を貫き、いまも変更はない。

アマチュアスポーツは、肌の色や教義、階級からつねに自由でなければならず、米国オリンピック委員会は、そのなかに政治が占める場所はないという立場を終始保持してきた。競技者は、オリンピック開催国の人種、宗教、経済、政治とかの諸問題を考慮すべきではない。開催国の仕事は（オリンピックのために）トラック、フィールド、案内、座席などを準備することだ」

もちろん、米国の世論がブランデージのような意見で統一されていたわけではない。米国の対日感情がいっそう悪化していることは、既述の沢田一郎書簡でも明らかだったし、東京オリンピックへの参加に反対する声も日を追って高まろうとしていた。

二月十九日付『ニューヨーク・タイムズ』には、ネッド・ゴールドシュミットという読者からのこんな投書が掲載されている。

東京オリンピックの宣伝パンフレット

「ピエール・ド・クーベルタン男爵が近代オリンピックを復興したとき、彼はファシズムを予見しなかったし、また予見できなかった……（日中戦争での）無防備な非戦闘員への爆撃や少数派に対する残忍な抑圧は、オリンピックで示されているフェアプレーとは正反対のものである。

東京でオリンピックを開催することは、人間の基本原理に対する侵害を隠蔽することに手を貸すものだ……ファシズムとオリンピックは観念的対立概念の典型である……良くも悪くも私たち大多数には、次の問題が提起されているのだ。（オリンピックが）平和で友好的な隣人を征服するために利用されようとしていることに対し、われわれはその手助けをするのか、と」

第十二回大会を東京と争ったフィンランドでは、二月十六日、ヘルシンキの新聞『ヘルシンギン・サノマト』が社説でオリンピック廃止論を展開した。

「一九四〇年の開催地がフィンランドでなく日本に決定したのは、大国の運動の結果であると同時に、オリンピックを日本に与えれば数年間は極東で平和が維持できるだろうとの考えも有力な動機になっていた。だがクーベルタンの理想は実現しなかった。

このような状態では、従来のオリンピックのように各種競技を一ヵ所に集中して行うのではなく、年に一回、一種類の競技を諸国で実施したほうが有益である」

陸相・杉山発言の波紋

そのころ、ＩＯＣ委員副島道正は四十度近い高熱に苦しんでいたが、病状が回復に向かったので、二月二日、ＩＯＣ会長ラトゥールと外国の同僚委員に窮状を訴える手紙を書いた。

「われわれは、東京オリンピックの開催を邪魔する多くの問題を抱えています。資金不足、知識とエネルギー不足、物資不足、多くの外国人が不快に感じているスパイマニアの存在、中国との戦争が長期化する可能性などです。状況が絶望的になれば打電します。われわれにオリンピックを開く資格がないと判断されたら、躊躇なく（東京の）大会開催権を取り消してください」

オリンピックの東京開催に尽力してくれた会長ラトゥールに対し、副島は、こんなことを書くのは心が痛む、どうお詫びしてよいかわからないと、この手紙でも悲痛な心情を吐露している。むろん、先輩ＩＯＣ委員の嘉納治五郎や組織委員会の関係者は、副島がきわめて悲観的な手紙をラトゥールに送付していることを知るよしもない。

そのラトゥールをはじめ各国のＩＯＣ委員は、三月にカイロで総会を開き、東京オリンピックの開催問題を検討することにしていた。諸外国で「反東京オリンピック」の空気が強くなっている折から、総会での討議内容は東京大会の開催そのものに重大な影響を与えることが予想された。この総会に出席する日本代表団は、ＩＯＣ委員嘉納治五郎、組織委事務総長永井松三ら九人と決定し、組織委技術顧問ウェルナー・クリンゲベルグも同行することになる。ラトゥールと昵懇《じっこん》の副島道正は代表に選ばれていないが、これは病身の副島が早い段階からカイロ行きを辞退していたことと、総会乗り切りのためには、ＩＯＣに知己の多い長老委員嘉納治五郎に出馬願ったほうが得策、と組織委員会が判断したためだろう。嘉納自身も後述のように、この総会が東京大会の行方を左右するヤマ場になるとみて、出席の意思を事前に表明していた。

七十七歳の嘉納治五郎は二月十三日に東京駅を出発した。この日は形式だけの出発で、嘉納は横浜駅で下車して東京に引き返し、翌日の組織委員会総会に出席後あらためて乗船地の門司に向かったが、「今度のカイロ会議は相当面倒なことになるだろう」というのが離京に際しての弁であった。

嘉納は海路シンガポールに到着後、航空機でエジプトに飛び、日本代表団全員が三月八日までにカイロに勢ぞろいした。そこで一行は、外電の東京発至急報に仰天させられる。それは、三月七日の帝国議会における陸相杉山元《すぎやまはじめ》の発言を取り上げたものであった。

この日の衆議院国家総動員法案委員会で代議士河野一郎は、「一方においては停車場で万歳々々と言って青年を（戦場に）送ってやり、一方の青年はオリンピックの練習をしている、指導階級の一部はオリンピックの準備で一生懸命になっている、総動員態勢とおよそ距離が遠い。……オリンピックや（万国）博覧会は国家の前途から考えれば問題ではない、国家の現状にかんがみ、この重要性にかんがみれば問題ではないと思う、こんなものはピシャッと止めればよい」と、東京オリンピックの中止をまたも要求した。

河野は二日前の同委員会でも、一部の国民が戦争をし、一部の国民がオリンピックの準備をしているのは、戦争のために総動員態勢をとろうとする政策と矛盾すると政府を追及している。首相近衛文麿は、まだ先のことだからいまから大会中止を決める必要はないと答えたが、七日の河野の再度の質問に対し陸相杉山元は近衛より一歩踏み込んだ答弁をした。

「オリンピックは、この事変が継続する限りにおいては開くことが出来ないと考えております。併しながら事変が速かに解決をしまして、オリンピックを開催するも差支がないという状態でありますならば、オリンピックを開催するということについて、必ずしも不同意を言うものではないのであります。

事変が解決致しましたなれば（大会を）実施するのでありまして、これが長く続き、若しくはそれまで続かなくても、今後重大なる事変に直面致した場合には、これは直ちに止めなければならぬものであると考えております」

IOCカイロ総会の成り行きが注目されていたときだけに、この「杉山発言」はただちに世界中を駆けめぐる。

三月八日付『ニューヨーク・タイムズ』は、「東京の軍幹部、中国との紛争未終結ならオリンピック開催地の変更を提唱」と、大見出しで報道した。同日付『ワシントン・ポスト』も次のように皮肉な記事を掲載している。

「東京大会のボイコット運動は意外な方面に支持者を見出した。杉山陸相の答弁は、日本が現在直面している異常な困難を裏書するもので……日本の軍事費の膨張の結果、オリンピックスタジアムの建設などは思いもよらない実状にあることを物語っている」

さらに三月九日付『東京朝日新聞』によれば、英国では日本が東京オリンピックを放棄するのではないか、との観測が有力になってきた。「杉山発言」は、エジプトの新聞でも大きく報道された。その論調は東京開催を悲観視するものが大部分で、「この際、一九四〇年のオリンピックはエジプトで開催すべし」と、脱線的記事を掲載した新聞もあった。

嘉納治五郎ら日本代表団は予想外の事態に困惑した。組織委員会発行の『東京オリンピック報告書』は、「諸般ノ一般的情勢ハ必ズシモ日本代表団ノ楽観ヲ許サズ……カイロ市ニ於ケル大小諸新聞ノ記事取扱ハ甚シク日本ニ対シテ不利ナリシハ見逃シ得ズ」と、このときのカイロの冷ややかな空気を伝えている。

東京・札幌を正式承認

ＩＯＣカイロ総会は三月十日、エジプト国王も出席してロイヤルオペラハウスで開会式が行われ、会長バイエ＝ラトゥールは開会演説で、第十二回オリンピック大会が初めてアジアで開催されることの意義を強調した。ラトゥールは、英国を中心に論議を呼んでいた「交戦国での大会開催の是非」という問題には何も言及せず、逆に、東京で大会を開くことによりオリンピック運動が全世界に拡大すると自賛したのである。

現地で取材にあたった朝日新聞特派員前田《まえだ》義徳《よしのり》はこの時点で、「東京大会問題に関する限り、会議の山はすでに見えたとの印象が深かった」と、総会後、『アサヒ・スポーツ』（一九三八年五月第一号）の「カイロ会議印象記」に書いている。前田は総会前の二月二十日、ローマでラトゥールと単独会見し、日本のＩＯＣ委員が返上を希望しないかぎり大会開催地の変更はあり得ないと聞かされていたので、会議の成り行きに関しては楽観的な見通しを持っていたのである。だが、ことはそれほど簡単ではなかった。

ＩＯＣ総会は、ナイル川を下る客船ヴィクトリア号の船内で十三日から実質的な討議にはいり、東京オリンピックに関する議題は十五日に取り上げられた。ラトゥールの開会演説が奏効したのか、あるいは憲章に特段の規定がなかったためか、「大会開催地の変更」問題はとりたてて論議の対象とはならなかった。

カイロ総会の議事録中、これに関連した部分としては、「一九四〇年大会開催地の変更を

カイロ総会の会場となったヴィクトリア号

要望する中国代表王博士来電を朗読したるが、オリンピック憲章中斯《かか》る決議を認許する条項無きに鑑み議長（ラトゥール）は之を採らず、議事日程に従ひ議事を開始す」と記載されているのみである。

こうして、日本にとって面倒な問題のひとつは波乱もなく通過できたが、東京オリンピックの準備遅延については多くの委員が日本の熱意を疑い、詰問した。

再び議事録によると、「議長は嘉納氏に対し日本は果して一九四〇年大会を開催する準備あるやを質問し、準備ある場合には同開催を進言したる国際オリンピック委員会日本代表に於て其責任を負ふべき旨を言明す。日本側に於て同大会開催に関し充分なる保障を与へ得ざるに於ては、大会開催地として東京以外の都市を選択するべきを以て日本側は本件に関し必要なる時限内に国際オリンピック委員会に対し通告を為すべし、日本が適時に右通告を為さざるに於ては大会は全然廃棄の余儀なきに至るべし……議長は本問題決定は一に日本側に係る旨を繰返し言明し、当事態の重大性に関し日本側に警告を与ふる必要ありとなす……大会開始の際に日支紛争終結し居らざるに於ては、日本自身の為にも将又《はたまた》国際オリンピック委員会の為にも日本に対し大会開催履行の断念を勧告

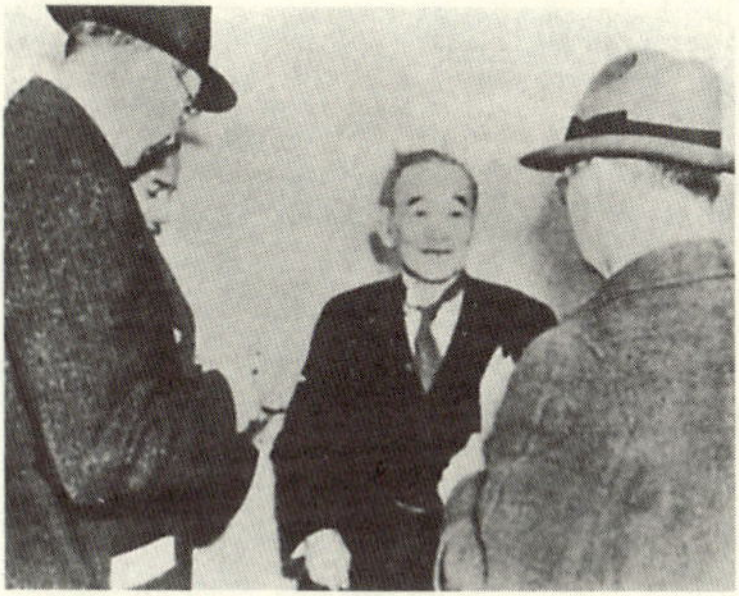

カイロ総会での嘉納治五郎

すべきなりと思料せられたるが、嘉納氏は日本が大会を開催せざるべき、又列国が参加を拒否すべき何等の理由をも認めず……討議の後嘉納氏に対し慎重なる吟味を再度勧告す」。

　総会は日本にとって「四面楚歌」のきびしい雰囲気に終始したが、白熱した議論の末、東京・札幌両大会の開催が最終的に承認される。日本代表団から組織委員会に届いた電報によると、「米国ヲ除キ辛辣ナル言説アリシモ大会東京開催ハ現状維持トナレリ……終始一貫協力シタル**アメリカ**ニ感謝ス」とある。米国のウィリアム・メイ・ガーランド、アベリー・ブランデージ両委員が日本を支持してくれなければ、総会はさらに紛糾したはずであった。

　総会後、嘉納治五郎は「今度の会議は、筏《いかだ》に乗っているような気持ちだった。突き飛ばしに来る人もあれば、足を持って引きずり落とそうとする者がいる。我々は水中に落ちないように頑張って、やっと対岸にたどりつけた」と、苦労の一端を漏らしている。嘉納は柔道という特技を持っていたうえに、飄々《ひょうひょう》としてユーモラスな一面があったので、IOCでも人気者だったが、このときばかりは針の筵《むしろ》にすわる思いであったろう。はげしい議論の応酬のあと、会議場を出てきた嘉納はひどく疲れて見えたという。が、各国委員の多くが東京オリンピックに不安を覚えながらも、とにかく日本での開催に承認を与えたのは、一九〇九（明治四十二）年いらい約三十年間もＩＯＣ委員を務めてきた嘉納治五郎への、それがせめてもの贈り物と思ったからではないだろうか。

カイロ総会では、東京・札幌両オリンピックの正式承認とともに、ワルシャワ総会の決定を変更して、東京大会の会期を一九四〇年九月二十一日から十月六日までとすることと、東京大会との競合を回避するため、万国博覧会は同年八月二十四日までに終了させることを確認した。

最悪の事態をまぬがれたことで組織委員会や東京市は安堵し、新聞各紙は「凡《あら》ゆる策動陰謀も正義には勝てず」「斯くて日本に凱歌」（『東京朝日新聞』）、「日本の正義、〝船上会議〟を制す」「五輪会議日本大勝！」（『読売新聞』）、「東京大会本極《ぎま》り、我代表の奮闘に凱歌」（『東京日日新聞』）などと報道して、日本の「勝利」を強調した。

だが、東京オリンピックに対するＩＯＣの深刻な危機感は依然として払拭されていなかった。総会最終日の三月十八日、ＩＯＣ会長ラトゥールは嘉納治五郎、永井松三の両代表に一通の文書を手交した。英文タイプで打たれたこの文書は、一九四〇年までに日中戦争が終結していなければ、東京大会には次のような危険性があると指摘している。

一、日中戦争が継続していたら中国は東京大会で競技できる公平な機会を与えられるだろうか？

二、同様の場合、多くの国の競技団体は東京大会に選手を派遣しないだろうし、たとえ出場させたくても資金確保がきわめて困難になるだろう。

三、東京大会の返上決定が遅延すれば、一九四〇年のオリンピックはどの都市でも開催できなくなる。そうなるとオリンピックの理想は傷つき、競技者は失望する。今後アジアでは長期間オリンピックを開催できなくなり、日本の威信は失墜するだろう。

その翌々日、二十日、カイロから日本に向けてラジオ放送が行われた。

嘉納治五郎、エジプト・オリンピック委員会総裁イスマエル・タウドに続いてマイクの前に立ったラトゥールは、オリンピックの理想を危機にさらさないようにと日本人に訴えている。

「若し大会の開催が失敗に終れば……オリンピックのプロパガンダにとって非常なる損失であって、日本のみでなく全アジアに対して、斯様な輝かしい祝典と、祝典が齎《もたら》す道徳的な業績を現はす機会が再び逆行したことになります。日本はオリンピックの理想に対してその義務を感じ、創始者クーベルタン男爵の輝かしき成功に汚点を残すやうなことはないものと考へます。

私は平和は直ちに来ると思ひます。又競技の幸福なる媒介を通じて、好意と協和とが世界青年達の間に充ち渡ることも遠くないことを確信いたします」

ＩＯＣ総会は、表面的にはほぼ日本の思惑どおりの結果で閉幕したが、嘉納治五郎、永井松三らの代表団は重い十字架を背負わされた気分でカイロをあとにした。

嘉納はオリンピアで行われた故クーベルタン男爵の心臓埋葬式に出席後、米国経由で帰国の途についたが、五月四日、急性肺炎のため太平洋上の氷川丸で急逝する。クーベルタンにつづき嘉納が他界したことは、苦境に立たされていた東京オリンピックにいっそうの暗影を投ずるものであった。

船内の嘉納は、「ＩＯＣは東京開催をよくぞ認めてくれたものだ」と上機嫌で日本人船客に語りかけたりしていたが、高齢に加えて疲労が蓄積していたためか、発病後は急速に病状が悪化したという。嘉納の死は氷川丸が横浜に入港する二日前のことであった。

五月六日、大日本体育協会会長下村宏あてに一通の封書が届いた。嘉納治五郎がヨーロッパから米国に渡る直前の四月四日、パリで書いたものである。

「（カイロ）会議は好都合に終了いたし候へ共将来色々の問題に逢着する事に相成……切抜け方に苦慮致し候、就ては予定を変更し五月上旬帰京する事に取極め……」

この手紙が満鉄ビル内体協事務所に配達されたのは、奇《く》しくも嘉納の遺体が雨にかすむ横浜港に無言の帰国をした日のことであった。

第四章　オリンピックの火は消えた　ついに大会を返上

1　雄大な聖火リレー計画

探検家スヴェン・ヘディンの夢

ＩＯＣカイロ総会では東京オリンピックに関する技術的な諸問題も検討されたが、各国がぜひ実施してほしいと熱望したのが、ギリシャから東京への聖火リレーである。同種の要望は前年のワルシャワ総会でも出ており、いわば日本としてはＩＯＣからその実現を強く迫られたことになる。

ベルリン・オリンピックで初めて登場した聖火リレーは、古代と現代を結ぶ荘厳なセレモニーとして全世界の注目を集めた。このオリンピック最高のハイライトを東京大会でやらない手はない、との意見がＩＯＣ内部では支配的だったのである。

ところで、聖火リレーを発案したベルリン大会組織委事務総長カール・ディームは、一九四〇年オリンピックの東京開催が決定すると、ギリシャから東京まで聖火を運ぶ方法につい

聖火リレーを発案したベルリン大会組織委事務総長カール・ディーム

て早速検討を始めていた。ベルリン大会の聖火リレーが大成功をおさめたことから、ディームは東京オリンピックでもこのリレーを継承するよう日本側に働きかけるため、自身で計画を立案することにしていたのである。

ディームが作成した案は、オリンピアの神殿跡で採火した聖火を南アジア経由で人馬により次々に東京までリレーしようというもので、ベルリン大会よりもはるかに壮大かつロマンにあふれる構想であった。

それによると、オリンピア出発後の聖火は、アテネ、イスタンブール、アンカラ、テヘラン、カブール、ペシャワール、デリー、カルカッタ（コルカタ）、ハノイ、広東（広州）、天津、ソウルへとリレーされ、釜山—下関間は船で輸送し、神戸、名古屋を経てオリンピック開催地の東京に到達する。このルートはあまりにも長大で、人間の手だけでリレーするのは容易でないため、全コースの三割は走者、七割は騎馬で運ぶことにしていた。馬によるリレーは、古代ヨーロッパの騎手たちがトーチを運んでいる様子を描いたレリーフや壺、花瓶が実在することにヒントを得たものである。

カール・ディームはベルリン大会の三ヵ月後、一九三六年十一月、この計画が実現可能か

スヴェン・ヘディン(左)とヒトラー

どうかを確認するため、スウェーデンの著名な探検家スヴェン・ヘディンに相談した。

　地理学者でもあったヘディンは、中国新疆ウイグル自治区のロプノールが時代によって位置を異にするという「さまよえる湖」説を発表したり、楼蘭《ろうらん》の都城址発掘などを通じてこの地域に華麗な古代都市国家が存在したことを明らかにするなど、中央アジア探検に大きな業績をあげていた。それゆえに、アジアに初めて聖火を運ぶ計画の相談相手としては、ヘディンほどうってつけの人物はいなかった。ヘディン自身も、ナチス・ドイツからベルリン大会に招待されたりした関係でオリンピックに関心を持っていたので、このヨーロッパとアジアを聖火で直結する計画に夢中になる。

「(聖火リレーが行われている間)全世界の興味は『旅をしている炎の運命』に集中する……アジアを横断して西洋から東洋へ向かうには、三つの主要ルートがある。

　北ルートは、シベリア横断鉄道沿いに行くもので、五十年前、ベルリンから東京へと福島《ふくしま》将軍(福島安正《やすまさ》、明治時代の陸軍軍人でドイツから帰国する際シベリアを単騎横断した)が騎乗したコースである……だがロシアは第十一(ベルリン)オリンピアードに参加しなかったので、第十

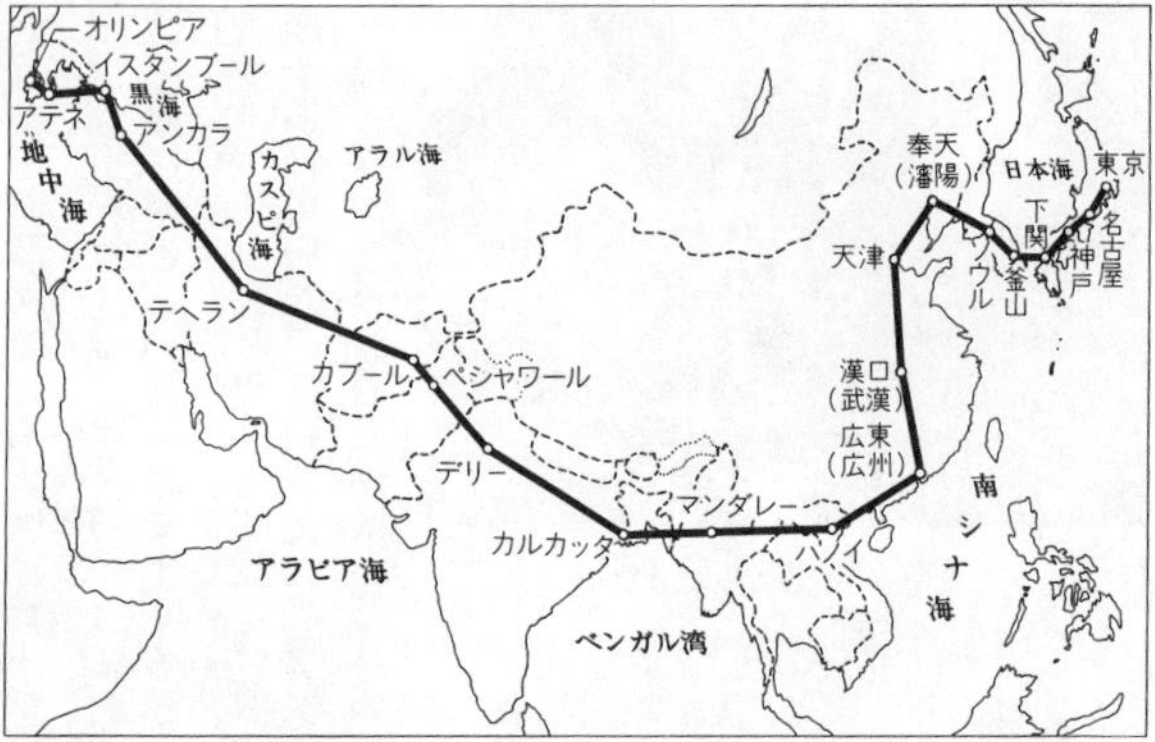

ディームが考えた聖火リレーのルート

二（東京）オリンピアードに姿を見せることはあるまい。だからシベリア・ルートは結果的には問題外だ。

中ルートは、シルクロードに沿っている……が、水のない広大な砂漠がひろがり、騎乗者や馬のリレーに必要な宿泊所がないため、実行不可能として却下されるだろう……さらに現在の中央アジアの政治不安が加わる。

残されたのは南ルートである。これには決定的障害は何もない。騎乗者が巡歴する国々の政府が、相互の善意と理解を示してくれるかどうかの問題だけである。

古い世界の広大な土地を通過して、人と動物による聖火の旅とは、なんと壮大で、すばらしい着想だろう！　トーチは古代オリンピック発祥の地オリンピアから、イスラム、インド、中国の世界を通って、さいはての極東の地——一九二三年の大地震で破壊され、復興した——東京へと運ばれるのだ。ラテン語の諺にある『光は東方から（Ex Oriente Lux）』は、東京とこの聖火のルート沿いでは、『光は西方から（Ex Occidente Lux）』と変わることだろう」

ＩＯＣ発行の『オリンピック・ブレティン』（一九四〇年第九号）に掲載されているヘディンの述作「Olympia — Tokyo」からの抜き書きである。

このなかでヘディンは、ユーラシア大陸を横断する聖火リレーに空想の翼をはばたかせ、古代世界の歴史も織り交ぜながら、躍動するような筆致で物語を展開している。

——オリンピアを出発した聖火は、走者の手から手へとリレーされてアテネに着く。そこは紀元前五世紀、歴史家ヘロドトスやツキジデスが自分の著作を朗読し、古代ギリシャ最大の悲劇詩人ソホクレスが不朽の名作『アンティゴネ』を上演した土地だ。

——「ノアの方舟」の漂着地アララット山で舞う天使たちは、平原を横切って疾走する聖火を驚きの眼で見下ろしているだろう。

——聖火のコースは、アレクサンダー大王が敗残のペルシア王ダリウスを追撃し、それから千五百年後にモンゴル軍の大部隊が破壊と掠奪と殺戮を繰り返して進軍した道沿いにある。

——荒れ狂うモンスーンと熱帯雨の季節が終わりに近づき、ある朝、澄んだ大気のなかで、聖火走者の一人ははるか彼方にヒマラヤの姿を見る。峰は雪をいただき、きらきらと白く輝いている。山の尾根には、獲物のネズミや兎、鳩を食べて満腹になった二羽の鷲が眠そうにとまっている。

——聖火は、汚れを知らぬチベットから流れ下る雄大な河川を横切り、フランス領トンキン（現ベトナム北部）を経てハノイに入り、さらに国境を越えて中国に入る。

——下関から聖火は、騎乗の日本のスポーツマンにより猛スピードで日本を横断し、一九四〇年九月、ゴールに到着する。オリンピアからはるばるとリレーされ、いま「日出づる国」で燃える聖火を人びとは熱狂と畏敬の念をもって凝視する。オリンピックは開始されたのだ。

——意地の悪い批評家は、こう言うだろう。「騎手や監視人にこんなに無駄な費用をかけることに、どんな意義があるのか」と。だが東京への聖火リレーは、国際平和のための壮大な象徴的ジェスチャーであり、ヨーロッパとアジアを結ぶ火の道である。これは無数の人びとによって好意的に眺められるだろう。

「この計画は、私が胸中に秘めていた五十年間にもおよぶアジアの思い出を呼びさましてくれた」

こう結語した探検家スヴェン・ヘディンは、少年のように眼を輝かせながら、白煙をたなびかせた聖火が世界最大の大陸アジアをリレーされ、東京のメインスタジアムに点火される日を夢想していたに違いない。

高千穂からの「神火リレー」案

日本国内では、ギリシャからの聖火リレーではなく、天孫降臨の伝説地か神社で採火した神火をリレーすべし、という何とも矮小かつ国家主義的な「神火リレー論」が台頭していた。東京オリンピックは光輝ある紀元二千六百年の記念祝賀行事であり、ギリシャのような異国から聖火を運んでくることなどはもってのほか、というわけである。

ベルリン大会の一ヵ月後、一九三六年九月十七日付『東京朝日新聞』にこんな記事が掲載されている。

「皇紀二千六百年に当り東京で開催されるオリムピック大会に、皇祖発祥の地たる宮崎から東京まで千五百キロの聖火大距離リレーを決行せんと予てより宮崎県学務課で立案中のところ、愈具体案を得たので稲内学務部長の名を以て先《ま》づ全国各府県体育主事に呼びかけ、国家的事業として実現の猛運動を起すこととなった。

右案によると第十二回オリムピックのプログラムとして神武天皇御東遷に倣ひ聖火を皇祖発祥の地日向から陸路東京に運ぶべく関係各府県から廿八名の選手を選抜、十四日間で走破……」

伊勢神宮のある宇治山田市（現伊勢市）も、同市を聖火リレーの出発地とするよう組織委員会に陳情しているが、その後、この「国内聖火論」はあちこちに現れるようになる。

日本陸上競技連盟編集の雑誌『陸上日本』は、一九三七年七月号および八月号で「聖火リレーに対する注文」という特集を組み、各県の陸上関係者から意見を聞いているが、大勢はギリシャからのリレーよりも国内の「神火リレー説」に軍配をあげている。

むろん、北九州陸上競技協会のように「希臘（ギリシャ）―船―長崎―駅伝―東京」とか、愛知県体育主事加藤英吉のように「希臘より飛行機にて九州日向の国に移し、天孫降臨の地高千穂の峯より各府県にてリレーを行ひ東京へ送ることが極めて意義深い」という意見もあるが、大部分はギリシャ―日本間を不必要として国内のみのリレーを提唱している。

代表的な意見を紹介すると、

「ギリシャからの聖火リレーは個人として大して賛成出来ません。之と反対にわが国だけの聖火リレー、言葉を変へて神火リレーは非常に意義があると思ひます……神火を伊勢神宮から戴くにせよ、高千穂の峯から運ぶにせよ出来るだけ多くの地域を通過し、各地の代表的神社を経て、より多くの青年をこの神火リレーの名誉あるメムバーにしたいと考へます」

「国内にて（聖火リレー）開催は頗る結構と存じ候其節起点は日向高千穂峯とし、途中出雲大社、伊勢神宮、明治神宮を経て会場に到着せしむる事最も有意義と存じ候」

「高千穂にて聖火を得、広島より出雲大社（文化の発祥地なれば）を経て岡山、兵庫、京都、大阪、伊勢大神宮、熱田神宮を回りて東京迄運ぶべし」

採火場所やリレーのコースについては若干の異説があるが、いずれにしても、国際色豊かな平和の祭典オリンピックにはおよそ似つかわしくない意見が支配的であった。だが、こんな国粋主義的聖火リレーをIOCが認可するはずがない。かといって、ギリシャから聖火を運ぶのは大仕事であり、膨大な経費も覚悟せねばならない。困りはてた組織委員会は、いったんは聖火リレーを実施しない方針を決定したが、各国IOC委員の強い要請を受けて再度検討することになった。

何日間にもわたる論議の末、一応の案がまとまる。日本案によると、オリンピアで採火した聖火はアテネから海路シリアに運び、バグダッドからテヘランを経てカブール（アフガニスタン）に入る。さらにインド北部から中国新疆省、内蒙古を経由して北京に入り、新京（当時の満州国首都、現長春）から朝鮮を縦断して門司に上陸し、山陽道、東海道を通って東京に到着する、というものであった。聖火の経由地に新京を加えたのは、「傀儡《かいらい》政権」の満州国を国際的に認知させるとともに、同国の東京オリンピック参加をIOCに何とか承認させたいとの念願から発した措置だろう。聖火の輸送方法は、ギリシャから門司までは汽船、自動車、航空機を使用し、日本国内は走者によるリレーを予定していた。

この案は、ディームやヘディンの人馬による陸路リレー計画と比べると、スケールの点ではかなり見劣りするが、ともかくもオリンピアの火を遠いアジアの地に燃え上がらせよう、という意気込みだけは感得できるものであった。

立案作業にたずさわった組織委競技部長郷隆、宣伝担当鷺田成男らは、東京オリンピックを開催する以上、何とかこの聖火リレーを実施して世界を驚かせたいと思った。だが、予算不足に悩む組織委員会が聖火リレーの費用を負担することはとうてい無理だ。さんざん思案したあげく、資金が潤沢な軍部に応分の援助を依頼しようということになる。

郷と鷺田は東京三宅坂の陸軍参謀本部を訪問し、計画を打ち明けたうえで、聖火が中央アジアを越えられるかどうか、リレーを実施する場合は軍が費用を負担してくれるかとたずねた。応対した少佐は、郷や鷺田の決心が固いことを知ると、「面白いと思います。ただし、やる、やらぬは別として、ある時期までは極秘にしてください」と言った。

第二次世界大戦勃発後、ドイツ軍はベルリン大会の聖火コース沿いにギリシャに進撃し、聖火リレーが周辺各国の情報収集に利用されたといわれた。日本陸軍の参謀本部としても、大陸横断の聖火リレーは、中央アジア一帯をはじめとする広範な地域の地理や地勢、辺境における中国、ソ連など各国軍隊の配備状況を知る好機と考えたのだろう。

その後、参謀本部の若い将校たちと数回会合した鷺田によると、陸軍は正式決定にはいたらないまでも聖火リレーに賛成しており、費用もとりあえず百万円程度は援助できることが判明したという。だが、参謀本部の一部将校が聖火リレーに興味を示したのは、それがスパイルートとして役立つからであり、東京オリンピックの開催そのものに反対するという軍全体の態度には、いささかの変更もなかったのである。

参謀本部との交渉もさることながら、国際情勢が緊迫化しているなかで、聖火の通過予定国がはたして協力してくれるかどうかも問題であった。

組織委員会は、在外公館を通じてトルコ、イラン、アフガニスタンなど中近東諸国を中心に意向を打診した。アフガニスタンが真っ先に賛意を伝えてきた。イラン国境から平均標高五千メートル近い難所のパミール高原まで、数万人を動員して聖火を通過させる、総指揮はアフガニスタンの皇太子がとる予定、との返信が届き、郷や鷺田らを喜ばせた。

しかし、やがて訪れる東京オリンピック中止の決定は、すべてをご破算にした。

ローザンヌのIOCオリンピック博物館には、日本から送付された『東京オリンピック返上までの組織委員会の諸業務』と題する英文の報告書が保管されている。そのなかの聖火に関する部分は、前記のリレー・コースを説明したあと、次のような文章で結ばれている。

「この聖火リレーの計画は、中国との事変が終結した時に公式発表し、調査を開始する予定であった。もし、これが実現していたら、オリンピック運動に関する知識がまだ希薄な地域にオリンピック精神を普及するうえで、多大の貢献をすることが出来たであろう」

戦後、第十八回オリンピック大会の東京開催が決定したとき、古代シルクロードを経由する聖火リレー構想が持ち上がり、来日したカール・ディームは第十二回大会のときと同様に人馬によるリレーを再提案したが、距離的、時間的に困難などの理由で組織委員会の採用するところとはならなかった。

このときの聖火はインド、タイ、マレーシアなどアジアを空輸して回った後、沖縄を経て全都道府県を四ルートでリレーされ、東京入りしている。

2　着工できない競技場

駒沢スタジアムの決定

ＩＯＣカイロ総会を何とか乗り切った組織委員会としては、東京オリンピックに対する外国の不信感を除去するためにも、早期かつ急速に開催準備を本格化する必要があった。東京オリンピックまでにあと二年半しか残されていない。もはや遅延や優柔は許されない。

そんな折、財政面で頭を痛めていた組織委員会に朗報が飛び込んできた。東京オリンピックの準備に拍車をかけるため、東京市が負担する競技場建設費六百万円、大会関係街路修築費一千万円を支出することが、三月二十九日の東京市会で満場一致で可決されたのである。

東京市長小橋一太は、「市民の期待は勿論、国際的な期待に対しても万全の成果を期したい」との談話を発表し、オリンピックの開催に全力を傾注する覚悟をあらためて披瀝した。

東京市の熱意に応えるように、体協加盟の有力団体である日本陸上競技連盟は四月四日の臨時総会で、東京オリンピックに反対の立場をとる評議員河野一郎の解任を決めている。

神奈川陸協会長と陸連評議員を兼務していた代議士河野一郎は、三月の衆議院国家総動員法案委員会で東京オリンピック中止を政府に迫り、これに関連した報道が内外に大きな反響を呼んだ。このため、日本陸連は河野の「反オリンピック的言動」が陸連の方針に違反するとして、評議員を解任したのである。陸連が「異分子」を排除したことで、東京オリンピックをめぐるスポーツ界の不協和音は表面的には解消され、大会の開催準備は曲がりなりにも軌道に乗るかにみえた。

しかし――

この時期、組織委員会にとって緊急に解決が必要だったメインスタジアムの建設問題は、既述のように、一九三七年二月二十三日の組織委総会で明治神宮外苑競技場を改造することに決定したが、内務省神社局が異議を唱えたため計画が暗礁に乗り上げていた。

神宮側には、明治天皇ゆかりの地明治神宮外苑は「極メテ由緒アル場所」で「一木一石たりともゆるがせにできぬ」と、かたくなな態度をとる者がいて、いっこうに交渉が進展しなかった。

組織委員会と内務省が再三折衝した結果、内務省は神宮外苑競技場の最小限度の改造を認め、収容能力五万数千人、工事費四百五十三万四千百円とする案を提示した。が、組織委員会や東京市は内務省案に首をかしげた。当時の神宮外苑競技場の収容力は約四万人だが、これでは一万数千人しか増えない。そのために四百五十万円余もの予算を費消するのはいかがなものか、というわけである。

東京オリンピックのメインスタジアムについて、もともと東京市は収容人員十二万人以上の巨大競技場とするように要望していた。建設問題がこじれたことから、その後は最低十万人以上と多少要求を下げていたが、スケールの大きい競技場を切望する態度は変わっていない。だが、内務省案では大競技場の実現は望み薄となり、さらに神宮外苑競技場の改造工事中は国際的な競技会が開けなくなるなどの難点があった。

そこで浮上したのが、神宮外苑競技場に代わって世田谷の駒沢ゴルフ場跡地（現駒沢オリンピック公園。戦後の第十八回オリンピック東京大会ではサッカー、ホッケー、バレーボールなどの会場になった）にメインスタジアムを建設する案である。

とりわけて東京市は、内務省や神宮側の制約を受けやすい外苑競技場を改造するよりも、市自身が別個に競技場を建設したほうが得策と判断して、駒沢案を推進した。神宮外苑競技場の改造に固執していたＩＯＣ委員副島道正も、大スタジアム建設に意気込む東京市の熱意に押され、結局は計画変更に同意する。日本側はワルシャワ、カイロの両ＩＯＣ総会でメインスタジアム外苑案を提示していたので、副島はみずからＩＯＣ会長ラトゥールに国際電話をかけ、駒沢案についての了承をとりつけた。

組織委員会は四月二十三日、第二十五回総会で外苑競技場改造案を放棄し、水泳競技場、オリンピック選手村と合わせて、駒沢にメインスタジアムを建設することを正式決定する。

これを契機に東京市は、駒沢に一大スポーツセンターをつくる構想を固めた。このスポーツセンターは「紀元二千六百年記念総合競技場」と命名され、駒沢ゴルフ場跡の十三万坪（四十三万平方メートル）の敷地中央に七千五百坪（二万五千平方メートル）の紀元二千六百年記念広場を造成、この広場をはさんでメインスタジアムと水泳競技場を建設しようというものである。

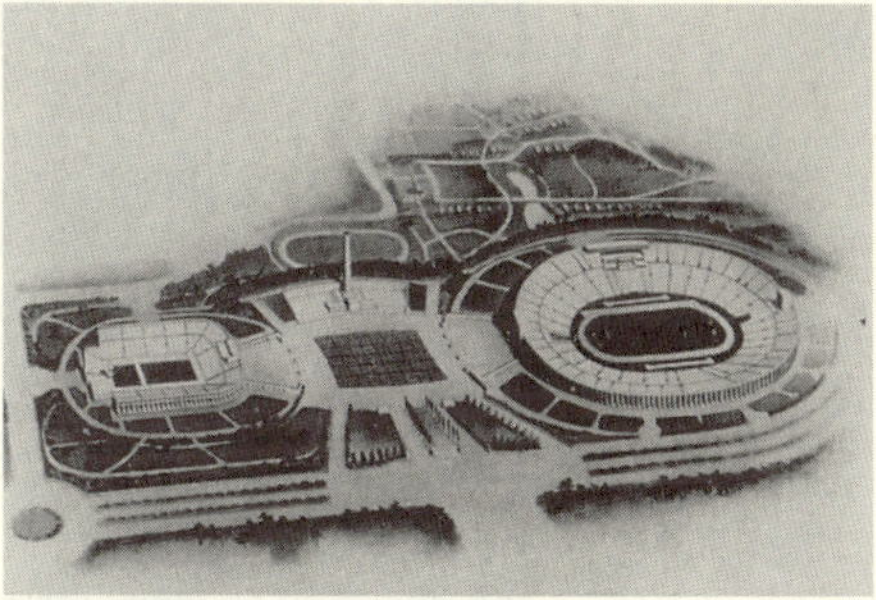

駒沢メインスタジアム完成予想図

このうちメインスタジアムは、常設スタンド六万二千人、仮設スタンド四万八千人、合計十一万人の収容力がある世界最大級の競技場で、一周四百メートルのトラックはアンツーカ舗装が予定されていた。水泳競技場には、消波設備をそなえた五十メートルの競泳用プールと飛び込み用プールがあり、収容能力は仮設スタンド分を入れて三万人となっている。

記念広場にはオベリスク風の紀元二千六百年記念塔の建設が予定され、東京オリンピック招致の功労者で、カイロ総会からの帰途客死したＩＯＣ委員嘉納治五郎の記念碑を建立する計画もあった。

メインスタジアム後方には、一万坪（三万三千平方メートル）の間隔をおいて、一棟あたり選手二十二人収容

紀元2600年記念塔の完成予想図（東京・駒沢に建設予定）

の平家建て五十五棟、四十八人収容の二階建て六棟からなるオリンピック選手村が造られる。選手村には室内練習場、休憩室、サウナ風呂やマッサージ室、医務室などが完備し、競技場を往復する選手のために連絡地下道も設けられることになっていた。

　メインスタジアムは十月上旬に起工し、大会二ヵ月前の一九四〇年七月に竣工、水泳プールと選手村は一九四〇年三月の完成を見込んでいた。

　また、「神田区駿河台ニコライ堂東側（旧岩崎邸跡）」に観客五千人収容の室内運動場と室内プールをそなえた中央体育館を新設し、芝浦埋立地には一万人収容で一周五百メートル、傾斜角二十五度から五十度の本格的な自転車競技場が造られる予定であった。この自転車競技場は四月二十九日に地鎮祭が行われ、大学生や青年団員らの労働奉仕で土運びと地ならしが始まっていた。

　この建設計画に基づき、東京市はオリンピック大会施設費一千二百十三万円、街路修築費一千八十万円の更正予算を計上し、五月二十三日に市会の承認を得ている。

観客の輸送計画も進み、道路拡幅のほかに地下鉄を延長して、浅草から駒沢の総合競技場まで乗り換えなしの電車を運転する案などが検討されていた。このまま順調に推移すれば、一九四〇年のオリンピックを機会に、東京市は国際的にも第一級のスポーツ都市に変容し、とくに駒沢には電車も道路も完備した日本初の総合スポーツセンターがお目見えするはずであった。

だが、日中戦争の長期化にともない、国内では諸物資の統制を厳重にし、需要を抑制する動きが日増しに強くなる。当然のことながら、それは東京オリンピックの競技場建設にも重大な影響を与えることが憂慮された。なかでも、多くの鉄材を必要とするメインスタジアムについては、はたしてすんなりと着工できるのか、建設財源として東京市の起債が認可されるのかが大きな問題であった。

ボートと自転車競技場建設に大学生の勤労奉仕

起債条件について商工省と折衝した東京市土木局建築課長小野二郎は、四月十五日、東京市オリンピック委員会で、「鉄材はなるべく少ないほうがいい……（メインスタジアム建設のための）起債が認可されるかどうかは、鉄材の使用量にかかっているのではないか」と述べ、できるだけ早期に少ない鉄材による建設計画をたて、認可を得て鉄材の配給を早く受けないと、工期が非常に切迫しているので支障が出ると強調している。

だが、統制経済の元締めで軍部の息のかかっていた企画院は、東京市の競技場建設担当者が鉄材の使用量をどんなに切り詰めても、首をたてに振らなかった。ベルリンから帰国後、東京市の文書課長や「紀元二千六百年記念事業部」総務課長として東京オリンピックの準備を担当した磯村英一は、こう回想している。

「いかにオリンピックが国民の体位の向上に、ひいては軍事能力の増強に役立つといっても、国民、市民に耐乏生活を求めながらの巨大な施設づくりは困難である。はじめに大きな障害となったのは、主競技場をつくるために鉄骨が一千トンを必要とすることであった。

当時国民は、聖戦遂行に協力するということで生活の犠牲を求められ、軍器製造の資材として廃品としての鉄材はもちろん、当面不要飾装の品はこれを『供出』という名において無償提供が実施されていた。それが一千トンの鉄材を必要とするとあっては、『オリンピックの競技場をつくるか、駆逐艦一隻をつくるか』の選択が真剣に論じられるようになった。まさに『バターか大砲か』のたとえに似ていた」

東京市側は、メインスタジアムを一部木造とするように設計変更し、一千トンは必要といわれた鉄材の量を六百トンにまで削ったが、それでも資材が得られる見通しは立たなかった。磯村英一は「鉄材使用について政府の承認が得られなかったことが、大会返上の決定的要因だったのではないか」と述べている。

軍国主義と総動員態勢

一九四〇年東京オリンピックの問題点のひとつは、紀元二千六百年記念として開催したいとの意欲が先行したため、肝心の競技施設を事前にまったく整備しないままに立候補し、しゃにむに招致運動を進めたことである。そのつけがまわってきたというべきだろうが、日中戦争の影響で競技場建設が事実上ストップしたことにより、東京大会は否応なしに開催か中止かの岐路に立たされることになる。

さらに付言すれば、招致の段階で東京オリンピックを紀元二千六百年記念事業の一環と位置づけたことが、その後の情勢変化により、逆に大会開催に困難な状況を生みだしたともいえる。日本の軍国主義化が急進するにつれ、オリンピックに内包される国際的、平和的な理念と、「紀元二千六百年」の持つ国家主義的性格との矛盾が激化し、軍部だけでなく政府内部でも、東京オリンピックの意義を認める空気が急速に希薄になっていたのである。

実権を握っていた軍部が、単に聖火リレーに興味を示すだけでなく、ナチス・ドイツのようにオリンピックを一大プロパガンダの場と考え、日本の立場を国際的に理解させる絶好のチャンスととらえていたら、東京オリンピックは実際とはかなり異なった展開をみせていたのではないだろうか。たとえば、オリンピックの開催を機会に、日中戦争の一時停戦など思い切った手を打っていれば、諸外国のボイコットの動きは沈静化し、東京大会の返上といった事態は回避できたかもしれない。

だが、オリンピックを「たかがスポーツの大会」とみていた当時の軍部関係者に、そのような大胆な発想は望むべくもなかったし、各国の対日感情改善のためにオリンピックを役立てようとする国際感覚の持ち主もいなかった。

六月二十三日といえば、一八九四年のこの日、ピエール・ド・クーベルタンの提唱により、パリで近代オリンピックの復興が決議されたことで知られているが、皮肉にも近衛内閣はこの日の閣議で、東京オリンピックに重大かつ決定的な影響を与える方針を決めた。企画院提出の「昭和十三年ニ於ケル重要物資需給計画改定ニ関スル件」を承認し、戦争遂行のため軍事目的以外の国内需要を極度に抑制することにしたのである。

改定計画の実施要領のうち、「軍事用以外本需給計画実行上本年後半期物資使用ニ関連シ実施ヲ要スル主ナル制限禁止事項」には、「一、戦争遂行ニ直接必要ナラザル土木建築工事ハ現ニ着手中ノモノト雖モ之ヲ中止ス」とあり、このなかには官公庁舎や学校などの新改築中止とともに、万国博覧会とオリンピック工事の中止が明記されていた。

政府が「重要物資需給計画」を改定したのは、日中戦争の長期化とともに、消耗の激しい軍需品の生産、供給の確保がしだいに窮屈になってきたためで、これにより国民生活に関係の深い鋼材、銑鉄、羊毛、紙、皮革、木材など三十三品目の使用が制限される。

閣議決定翌日の『東京朝日新聞』夕刊は、「戦争目的に一切集中　長期持久の体制確立」「軍需品調達を第一　消費節約を徹底」と大見出しで報道し、これに関連して政府は、「刻下凡百の施設を戦争目的貫徹に集中し、官民一体長期持久の戦時体制を確立し、以て時局に対処せざるべからず。これがため当面の急務は物資の調整運用を最も有効適切ならしむるにあり」との声明を発表した。

議会での「オリンピック中止」発言で物議をかもした陸相杉山元は、閣議決定の約一ヵ月前の五月十六日、政府主催の国家総動員会議で、「事変」は長期にわたる国家総力戦の段階に入っていると述べ、総動員態勢を早期に確立するよう要請している。この会議のあとで企画院が作成、政府が承認した「需給計画改定案」は、国民に深刻な苦痛と犠牲を強要し、かつ戦争にすべてを傾注する「物資総動員計画」とでもいうべきものであった。

この政府決定が最終的に東京オリンピックの死命を制することとなる。

世界最大級とうたわれたメインスタジアムをはじめ、「紀元二千六百年」のオリンピックで使用される予定だった競技施設は、資材統制の影響をもろに受け、大会返上後も工事が継続された戸田ボートコースなど一部を除いて、建設の槌音が響くこともないままに夢と消えるのである。

3　東京大会ボイコットへ

副島の悲観と楽観

陸相杉山元が国家総動員会議で「事変」は国家総力戦の段階に入ったと述べた三日後、五月十九日、日本軍は中国の要衝徐州を占領し、国内は旗行列や提灯行列にわいた。だが、日本軍が殲滅《せんめつ》を狙った中国軍は大部分が包囲網から脱出し、日本側が作戦目的とした戦争の解決にはほど遠い結果となる。

徐州会戦後、首相近衛文麿は内閣を改造し、陸相杉山元の後任に板垣征四郎《いたがきせいしろう》、外相に宇垣一成、蔵相兼商工相に池田成彬《いけだしげあき》、文相には皇道派の陸軍大将荒木貞夫《あらきさだお》を任命する。同年一月の厚生省発足により厚相と文相を兼任していた近衛の親友木戸幸一《きどこういち》は、改造を機に専任の厚相に就任し、ひきつづき東京オリンピック担当の閣僚となった。

IOC委員副島道正は徐州陥落前日の五月十八日、久しぶりにIOC会長バイエ゠ラトゥールに手紙をしたためた。二月二日以来三ヵ月ぶりの書信だが、その間、副島は悪性の風邪に悩まされたり、オリンピック以外の仕事が多忙だったりして、ペンをとる機会がなかったのである。

親愛なる会長、と副島は前年末の内相更迭から書き起こしている。

「五ヵ月前、馬場博士（内相）が死去し、末次《すえつぐ》（信正《のぶまさ》）海軍大将が後任の内相に就任しました。この人事により、神宮外苑競技場を拡張または改造してメインスタジアムとする可能性は無くなった、と私は判断しました」

前年十二月十四日に内相に任命された末次は、海軍軍令部次長、連合艦隊司令長官などを歴任したが、一九三〇年のロンドン海軍軍縮条約交渉では、妥協案に反対した「艦隊派」の一人として知られ、右翼の間で人気があった。このような経歴の内相が神宮案を許可するはずはない、と副島は推測したのだろう。

メインスタジアムの建設場所は神宮外苑以外にあり得ないと以前から主張し、ラトゥールの同意も取りつけていた副島の胸奥で、またもや悲観論が優位を占めてくる。

東京オリンピックのポスター（懸賞募集1等入選作）

「私は、東京オリンピックを中止するほかはないと考え、同僚のＩＯＣ委員たちを説得しましたが、拒否されました。こうなった以上は、大会開催のために全力を尽くす決意です」

副島が記述している「大会中止の働きかけ」と「同僚ＩＯＣ委員たちの拒否反応」については、それを裏づける史料や報道は見あたらない。

ただ、このことと無関係ではないかもしれないと思わせる記事が、十二月十五日付『東京朝日新聞』に掲載されている。

「オリンピック組織委員会は来年三月カイロで開催されるＩＯＣ総会を目指して極力準備を進めてゐるが、十四日正午我がスポーツ界の元老でＩＯＣ委員の一人である嘉納治五郎翁は突然満鉄ビルの事務局を訪問、カイロ会議が東京大会及び札幌大会にとって非常に重大な会議である所以《ゆえん》を力説し、場合によっては首席代表として渡欧する決心であることを言明した」

嘉納はこの日、なぜカイロ総会に出馬する意思を突如として表明したのか。

副島書簡とこの記事を組み合わせての推理だが――

嘉納が組織委事務局を訪れた十二月十四日は末次信正に内相が発令された日である。とすると、末次の入閣で危機感を深めた副島は、その就任前日または当日の朝、嘉納、徳川の両ＩＯＣ委員と連絡をとって大会中止を呼びかけたが、拒絶されたことが考えられる。そして嘉納は、副島に翻意をうながすとともに、オリンピック返上という最悪の事態を回避するため、東京問題が俎上にのぼるＩＯＣカイロ総会にみずから出席し、中止説に傾いた副島に代わって、「東京開催の承認」を各国委員に要望する覚悟を固めたのではないだろうか。

しかし、メインスタジアムの建設問題が四月に解決したことにより、副島のこの手紙は、このあと一転して東京オリンピックへの「楽観論」で塗りつぶされている。

「メインスタジアムの建設地が駒沢に変更され、神宮外苑の時のように内務省の制約を受ける必要がなくなりました。東京市は、競技場のほか関連道路の建設にも多額の資金を投入する予定です。いまや、すべては順調です。日本政府は国民に節約を呼びかけていますが、物資は羊毛を除いて十分にあり、なかでも食料品は豊富です。第十二回オリンピック大会は大成功をおさめるでしょう」

副島道正（左）とバイエ＝ラトゥール（ベルリンにて）

何もかも足りない、と窮状を訴えていた二月二日付の手紙に比べて、驚くほどの様変わりである。が、当時の日本国内の実情は決して副島の記述どおりではなく、物資不足がいちだんと深刻化していた。政府はこの書簡の翌月、六月二十三日、既述のように軍事目的以外の国内需要を極端に制限する方針を決定するが、すでに製造販売が禁止されていた綿製品の代わりに、人造繊維のスフ（ステープル・ファイバーの略）が登場するなど、国民生活は「代用品時代」「やみ物資時代」が始まろうとしていた。このような時期に副島は、いかなる根拠に基づいて楽観的見解を開陳したのか。

大会返上後、副島がラトゥールに送付した手紙によると、当時の商工相で副島の友人の吉野信次《よしのしんじ》は、副島に全面的な協力を約束し、東京オリンピックのために必要な物資はすべて供給できると考えていたという。さらに、この五月十八日付書簡で、副島道正は「極秘事項」と断りながらも、「競技場建設に不可欠な鉄材は輸入しなくても確保できる、と信ずるに足る理由があります」とも述べている。これも商工相吉野信次の情報だったのかもしれないが、副島にしてみれば、物議をかもしつづけたメインスタジアムの問題が落着したうえに、友人閣僚の「力強い発言」を耳にして、飛び上がりたいほどの喜びを感じていたようだ。副島はこうも書いている。

「健康状態もかなりよくなりました。この分ですと、来年ロンドンで開かれるIOC総会には出席できそうです」

翌年、一九三九年六月に開催されるIOCロンドン総会は、会長バイエ＝ラトゥールをはじめ各国IOC委員に、東京オリンピックの準備状況を説明する最後の場となるはずであった。大幅に遅れていた開催準備が軌道に乗れば、各国の不信感も解消され、IOC委員副島道正は胸を張ってこの総会に出席できる……。

だが、副島がこの手紙を発送する一ヵ月半前の四月五日、駐ベルギー大使来栖三郎《くるすさぶろう》は外相広田弘毅に急電を発し、IOC会長バイエ＝ラトゥールから厳重な警告を受けたことを伝達していた。

それによると、四月二日に来栖を訪問したラトゥールは、「東京オリンピックについては何かと苦心しているが、大会開催に反対する電報が約百五十通にも達するなど、形勢はよくない。もし、来年一月のオリンピック招請状発送のときまでに（日中）戦争が終了していなければ、英、米、スウェーデンはむろん、そのほかにも大会参加を拒否する国が出てくるのではないかと憂慮している」と述べ、「日本の友人である自分の個人的考えとしては、このような困難な事態になれば、むしろ日本側からオリンピックを辞退したほうが、不体裁な大会を見るよりは日本の面目のためにいいのではないか」と、日本の決断をうながした。

さらにラトゥールは、「現在の状況下では、多くの国や国際競技連盟はオリンピックの東京開催に反対し、参加を拒否するだろう。そうなれば、東京大会が大失敗に終わるのは疑問の余地がない」と記した英文メモを大使来栖三郎に手交している。

副島が一時的に楽観論への傾斜を強めようとしていたころ、ラトゥールは日中戦争が継続しているかぎり東京オリンピックの成功はあり得ないとして、戦争終結の目途が立たなければ早期の大会返上が望ましいとあらためて勧告していたのである。

カイロ総会以後、一時下火となっていた海外諸国の東京オリンピック批判の火の手も、再び燃えさかるようになった。

五月二十二日付『東京朝日新聞』は、スウェーデンが東京大会をボイコットする可能性が高いと伝え、さらに六月一日付同紙によると、スイス・オリンピック委員会は、「東京大会開催一年前迄に日本が対支軍事行動を終息せしめざる場合には東京大会に参加せしめざるよう」各国に呼びかける決議を採択した。情勢を心痛した英国ＩＯＣ委員ロード・アバーデアは副島道正に次のような書簡を送り、日本が東京オリンピックを辞退するように勧めた。

「事変が一九四〇年にまで及ぶならば、甚だしい不幸というべきでしょう。もし東京が大会に長く固執し、そのあとで断念せざるを得なくなれば世界の若いスポーツメンは迷惑を受け、しかも『オリンピック・ゲームズ』は滅亡するにいたるでしょう……私は貴国が長期戦下にあることを深く憂慮します」

ついに米国でも

国内では、東京市があい変わらずオリンピックの開催に意欲を示し、組織委事務局も難問処理に頭を痛めながら大会の準備を進めていた。が、日中戦争解決の兆しがさっぱり見えないうえ、資材不足も深刻化してきたことから、報道陣などの間には「東京大会は絶望」という観測が急速に浸透していった。

間もなく、だれもが恐れていた事態が到来した。「スポーツと政治は別物」として、日中戦争に関係なく東京オリンピックを支持してきた米国スポーツ界にも、東京オリンピックに反対する動きが一気に高まってきたのである。

ハーバード大学運動部長ウィリアム・ビンガムは、六月九日、東京大会不支持を表明して米国オリンピック委員を辞任し、同オリンピック委員会の有力メンバーだったG・マニングも同様の理由で辞表を提出する。

その三ヵ月前の三月九日、陸相杉山元の議会答弁に関連して、在ニューヨーク組織委員会嘱託沢田一郎からこんな電報が組織委事務局に届いていた。

「議会オリンピック問題ハ米国民衆ニハ日本財政行詰マリノ印象ヲ与ヘ、（オリンピック）関係者ニハ意外ノ驚愕ヲ与ヘタリ。即チ従来スポーツニ依リ日米親善ト共ニ日支事変ニ関連シ日本ノ立場ヲ擁護シテ居タニモ拘ラズ、日本自身統一ヲ欠ク結果ハ米国輿論モ遂ニ不参加ト成ル虞《おそれ》ナキニシモアラズトナシ、衷心遺憾ノ意ヲ表明シ居レリ」

沢田の電報は現実のものとなった。ビンガムらの辞任は、米国オリンピック委員会にも対日批判の空気が濃厚になってきたことを物語っていたのである。

六月二十日付『ニューヨーク・タイムズ』も激烈な調子で東京大会ボイコットを呼びかけた。

「ベルリン大会が真の国際平和と親善になんら貢献しなかったように、きたるべき東京大会もオリンピック本来の目的達成に役立つことはないだろう。さらに、米国選手がベルリン大会に参加したことがナチの宣伝をある程度まで助ける結果になったのと同様に、東京大会に参加すれば日本の宣伝に利用されることになるだろう。

日本政府の行動が数百万人の中国人を死に導き、かつ、その自由生存権をおびやかしていることに対し、われわれは強い義憤を抱いている。それを隠すような態度をとることは偽善よりも悪質な行為である。もし東京でオリンピックが開催されるようになったら、われわれは同大会への参加を拒絶することで、日本政府の行動に対する米国民の道徳的判断を示すことができる」

東京大会に好意的だった『ニューヨーク・タイムズ』のスポーツ欄担当記者ジョン・キーランも態度を一変させ、六月二十二日付同紙で、「過ちの根本は、一九三六年、IOCが東京を開催地に選定した点にある。当時すでに日本は満州侵略を開始していたのだ。この過失を訂正することはいまからでも遅くはない。IOCはただちに東京オリンピックを取り消すべきである」と、東京の大会開催権を没収するように要求している。

前AAU(全米体育協会)会長ジェレミア・マホネーも東京オリンピック反対に立ち上がった。六月二十七日付『オレゴン・デーリー・ジャーナル』によると、マホネーは「日本は国際的親善の増進というオリンピック本来の目的を無視して、理由のない戦争を行い、無力な大衆を爆撃している。かかる国でオリンピックを開催すべきではない」と語っている。ベルリン大会時、ナチスのユダヤ人迫害政策に抗議して大会のボイコット運動を進めたマホネーの言葉には説得力があった。

米国オリンピック委員会委員長アベリー・ブランデージは、依然として東京オリンピックを擁護していたが、有力紙『ニューヨーク・タイムズ』の論調やマホネーの「反東京大会」

宣言は、米国の一流選手に強い影響をおよぼすことが予想された。

後年、一九八〇年のモスクワ・オリンピックは、ソ連（当時）のアフガニスタン軍事介入をめぐって、参加すべきか否かが国際的な論議の的になり、米国、西独（当時）、日本などは選手団を派遣しなかった。このモスクワ大会に代表されるオリンピックのボイコット問題は、戦後の東西冷戦時代に繰り返して起こったが、これと同様の現象が、すでに一九四〇年の東京オリンピックのときにもみられたわけである。しかも、その規模はベルリン大会時の「ボイコット運動」をはるかに上回る勢いで、欧米各国に拡大しそうな気配であった。

そして七月十三日。アルゼンチンとチェコスロバキアの日本公使館は、あい次いで至急電を東京の外務省に発信した。

「十一日東京発『ハバス』通信ハ、日本ハ国内政情ノ不安定ト諸外国ノ反日運動ヲ考慮シ、一九四四年ニ於ケル開催権ヲ保留シタル上、次回東京オリンピック大会ヲ他国ニ譲ラントノ意向ヲ国際『オ』（IOC）委員ニ通告スヘシ、ト報シ居レリ」

海外各国はこの通信社電により、東京オリンピックに関する日本の最終態度決定が秒読みの段階に入ったことを知ったのである。

4　国策に敗れたオリンピック

「返上もやむなし」

国内でも、東京オリンピックをめぐる情勢は切迫していた。

政府が決定した国家総動員計画は、単に東京オリンピックの競技場建設を不可能にしたばかりでなく、個々のスポーツ用具にまで使用制限の網を広げ、スポーツ界の活動そのものに深刻な影響をあたえる。

商工省は、スポーツ用具に不可欠な皮革の使用制限を決定したのに続き、七月七日に鋼鉄と羊毛を戦時重要物資として、国内向け消費制限を強化する省令公布を発表した。翌八日付『読売新聞』は「鉄よ羊よ、さよなら！」との見出しでこんな記事を載せている。

「文鎮、本立、鉛筆削が小学児童の文机からさよならし紳士のポケットからシガレット・ケース、ライターが消え……フォーク、スプーン、ナイフ等が食卓から無くなってレストランや洋食堂は愈よニホン箸でビフテキを喰ひ陶器のスプーンでスープを啜《すす》らねばならぬ……次いで最も重大なのはオリンピックを二年後に控へて運動用具の禁止だ。砲丸、ハンマー、槍、運動用スパイク、円盤、競技用ハードル、スケート用具、短艇用クラッチ等代用品ではどうにもならぬ絶対必需品の禁止はトラック、フィールドに致命的で、先には皮革製品の制限で散々な運動具はまたも大痛手を受けるわけで、殊に競技場の建築鉄材不足からその開催を危まれてゐる東京オリンピック大会は、このトラック、フィールド運動具の制限で全く挟み打ちの苦境に追ひ込まれるわけだ」

その苦境のなかで、盧溝橋での日中両軍の交戦後、中止論から開催論へ、悲観から楽観へと、激しい振幅で心理的動揺を続けたＩＯＣ委員副島道正は、ここにいたって、政府の援助が得られない場合は大会返上もやむなしとの判断を最終的に固める。

東京オリンピックに協力を惜しまないと言明していた商工相吉野信次は、五月二十六日の近衛内閣改造人事で辞任し、後任の蔵相兼商工相池田成彬は、前述のように物資の統制を強化していた。日中戦争は、日本軍が徐州攻略後も武漢、広東などを制圧したが、国民政府は首都を奥地の重慶に移して抵抗を継続し、和平実現の見通しはまったく立たなかった。

こうなると、東京オリンピックにとって明るい材料はもはや何もないに等しい。

副島はまず、自身が主催した昼食会に首相近衛文麿を招き、政府が東京オリンピックの開催に不賛成であるならば、大会中止を下命すべきだと決断を求めた。さらに副島は、外相宇垣一成、文相荒木貞夫、蔵相兼商工相池田成彬ら近衛内閣の主要閣僚とも協議を重ねる。副島はあい変わらず組織委員会や東京市のだれとも相談せず、単独かつ秘密裏に行動した。

「政府は東京オリンピックを積極的に援助する意図があるのか。この援助には、大会施設の提供や建設工事などに必要な東京市の起債二千万円の許可、競技場の建設開始の承認、旅行補助金を支給するための外国為替管理法の制限緩和、可能なかぎり組織委員会に協力するよう関係当局や機関を指導すること、などが含まれる。

もし、このような援助が不可能と政府が判断するのであれば、その事実をただちに公表することが国家の威信保持と国際的責務をまっとうするうえで肝要ではないのか」

副島の質問に対し、大部分の閣僚は「東京オリンピックは返上したほうがいい」と答えたが、文相荒木貞夫だけは中止に反対した。皇道派の首領の一人で、二・二六事件では決起将校に同情的だった荒木が、大会開催論者だったとは意外な気がしないでもないが、組織委宣伝部鷺田成男の手記にも同様の記述がみられる。

それによると、鷺田は荒木が東京大会の行方を気遣っていると人づてに聞き、その真意を確かめるべく文相官邸を訪問した。

応接した荒木は、「これからオリンピックを招致するのであれば止めろと申し上げるが、すでに大会を引き受けたからには、国際信義はどこまでも守らねばならない。これを踏みにじることになると、世界各国から信用を失墜する」と述べ、戦時下とはいえ、最小限の設備で大会を開くことは差し支えないという意向を表明する。

現有施設での大会開催なら荒木の支持が見込めると判断した鷺田は、組織委員会事務局に帰ると、事務総長永井松三や競技部長郷隆にその旨を報告した。だが、郷は「そんなことを相談しても、東京市は競技場の新設を撤回しないだろう」と語り、文相荒木貞夫の提言をめぐる論議は、それ以上の進展をみなかったとのことである。

荒木を除く主要閣僚の否定的反応をみて、東京オリンピックに見切りをつけた副島道正は、政府に対し大会中止を組織委員会に指示するように要請した。オリンピックを中止するか否かは、政府でなく組織委員会の権限事項だが、いまなお大会開催に熱意を燃やす東京市などの態度から推測して、組織委員会が大会返上でまとまる可能性は少ない。かといって、優柔不断のまま日を送り、返上が大幅に遅延すれば、第十二回オリンピック大会はどの国でも開催不能となって、日本はオリンピック史上に拭うことのできない汚点を残すことになる。そう考えた副島は、政府による中止決定という非常手段に訴えようとしたのである。

こうしたなかで、東京オリンピックを所管する厚生省も大会中止の方向で具体的な検討にはいった。厚相木戸幸一の日記には、六月になるとオリンピックに関する記述が増えてくる。

——六月三日（金）晴　三時、官邸に於て五島慶太《ごとうけいた》君と会談す。オリンピックの問題なり（五島慶太は東急グループの創始者。メインスタジアムの建設地となった駒沢ゴルフ場は東急グループ傘下の東京横浜電鉄が経営していたので、五島はオリンピックの見通しをただすために木戸を訪問したものと思われる）。

——六日（月）曇　二時、永井松三氏来庁、オリンピックの件なり。

——二十九日（水）曇雨　午後一時、広瀬《ひろせ》（久忠《ひさただ》）次官、児玉《こだま》（政介《まさすけ》）局長とオリンピック大会問題につき協議す。

七月に入ると、木戸の日記にはっきりと「大会中止」の文字が現れてくる。

——七月十一日（月）晴曇　広瀬次官、児玉局長とオリンピック大会中止問題につき協議す。八時、児玉体力局長来邸、オリンピック大会の件につき協議す。

——十二日（火）晴　午前十時、閣議に出席す。池田蔵相とオリンピック大会中止の件を打合す。九時、児玉局長来邸、オリンピックの件なり。

——十三日（水）晴　次官、体力局長来訪、オリンピックの件なり。

このころには、新聞各紙にも「万博とオリムピック坐礁」（七月二日付『東京日日新聞』）、「中止か延期か、万国博　最悪の場合オリンピックも返上」（七月八日付『読売新聞』）など、万国博覧会とともに東京オリンピックの中止を予告する記事が目立ちはじめる。

「寝耳に水」の決定

スポーツ界の幹部は、なおも大会開催に向けて最後の努力を傾注していた。

大日本体育協会会長下村宏、副会長平沼亮三、理事長末弘厳太郎《すえひろいずたろう》らは、七月十一日、総裁滝正雄《たきまさお》ら企画院首脳部を招いて東京オリンピックへの理解を求め、駒沢にメインスタジアムを建設することの重要性を強調した。だが、企画院側からは特段の質問も意思表示もなく、この会議を取材した『東京日日新聞』は、「（企画院は）単に『聞きおく』の態度に終始したものとみられ、のれんに腕押しのごとき一夕の懇談」と報道した。鉄材などの統制にらみをきかす企画院は、もはや東京オリンピックには完全に背を向けていたのである。

組織委事務総長永井松三は状況が絶望的になっていたにもかかわらず、フランスで東京大会中止の噂が流布されているのを耳にすると、十三日、これを「断固否定」する電報をフランスIOC委員フランソア・ピエトリに発信した。

だが、七月十四日、商工省が万国博覧会の延期を決定したのに続き、厚生省は第十二回オリンピック東京大会の中止を決定する。

木戸日記には、「十四日（木）晴　三時、新聞記者と共同会見す、オリンピック中止云々の件なり。五時半、児玉局長、六時、永井松三氏、九時、次官、児玉局長来訪、何れもオリンピック中止の問題なり」と簡潔にしたためてあるが、ここで注目されるのは、厚生省が大会中止を決定するとただちに共同記者会見を行い、「東京オリンピック返上」を国内外に速報させていることである。

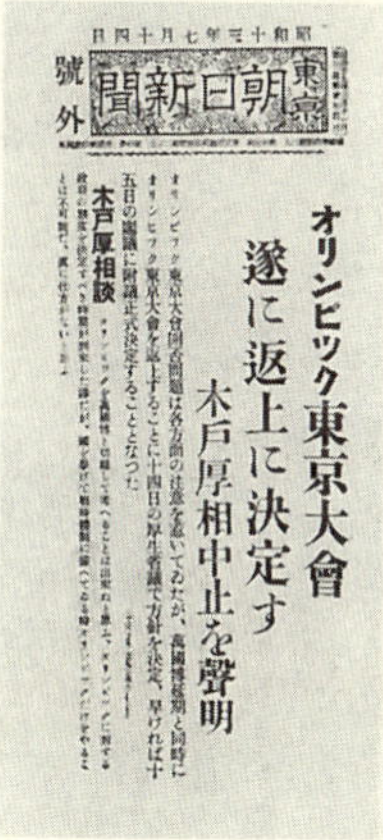
昭和十三年七月十四日
東京朝日新聞
號外
オリンピック東京大會
遂に返上に決定す
木戸厚相中止を聲明
オリンピック東京大會開否問題は各方面の注意を惹いてゐたが、萬國博延期と同時にオリンピック東京大會を返上することに十四日の厚生省議で方針を決定、早ければ十五日の閣議に附議正式決定することとなつた
木戸厚相談

オリンピック返上を伝える号外（東京朝日新聞・1938年7月14日）

厚生省の中止決定が組織委員会にとって寝耳に水であったことは、その日の午後五時半から組織委の科学施設研究会が開かれ、東京大会で使用する競技器具、器材について協議しているこ

やむなく大会返上を受け入れた東京市長小橋一太

とからも推知できる。事務総長永井松三らは、厚生省が事前に何の相談もなく大会中止の方針を打ち出したことに仰天したが、さらに唖然とさせられたことは、組織委員会が正式態度を検討する前に「返上」のニュースが世界中を駆けめぐっていたことである。この問題で組織委員会に再考できる余地はない、という厚生省の強い意思を、永井らは感得せざるを得なかった。

東京オリンピックの中止決定にあたり厚相木戸幸一は、「現在更に一段の緊張が国民に要求されてゐるときオリンピック返上は真に已むを得ないことだらう。最後の決定は勿論組織委員会にある訳だが政府がやらぬといふのを組織委員会で無理にやると頑張る訳には行くまい。色々な対外的問題も考慮せねばならぬが、この際はっきりと態度を決めた方がいいと思ふ」と述べ、東京大会に肯定的だった文相荒木貞夫も東京市長小橋一太に開催中止の意思を伝達した。

七月十五日、政府は東京オリンピックの返上を閣議決定し、午後三時、厚相官邸に出向いた組織委員会副会長下村宏、事務総長永井松三、東京市長小橋一太が厚生次官広瀬久忠の依命通牒を受領する。

「第十二回オリンピック大会ニ就テハ、政府ニ於テ成ルベク大会ヲ開催シ得ル様希望シ来リタルガ、現下ノ時局ハ挙国一致物心両方面ニ亘リ益々国家ノ総力ヲ挙ゲテ事変ノ目的達成ニ邁進スルヲ要スル状勢ナルニ鑑ミ、オリンピック大会ハ之ガ開催ヲ取止ムルヲ適当ナリト認ムルヲ以テ此ノ趣旨御諒承ノ上善後ノ処置ヲ講ゼラレ度右依命及通牒候也」

政府はオリンピック開催の責任者ではないから、この通牒では「開催ヲ取止ムルヲ適当ナリト認ム」と第三者的立場からの中止勧告の体裁をとっているが、前日の記者発表のやり方をみても、組織委員会や東京市に有無をいわせないという態度が明白であった。

翌十六日の正午過ぎから開かれた東京市会オリンピック委員会の緊急会議は、政府勧告をめぐって紛糾する。

あくまでも大会開催を主張する委員馬越旺輔《まこしおうすけ》は、「規模を有り合わせのもので我慢するならば……そうすれば在来の、わが東京市会がすでに可決確定していたところの（明治神宮）外苑案でもって進むことが出来る」と主張し、さらに、今回の勧告は「資材整備のうえから中止のほかはないということになったのであって、いわば戦争のためやむを得ぬということでありますけれども……其の一部分は政府の責任もある」と政府にかみついた。委員長中塚《なかつか》栄次郎《えいじろう》も、「東京市は昭和五年来オリンピック開催のために不断の努力をつづけてきたのであります。その主張も方針も対策もいまでも少しも変わっていない。今回中止に決定した理由につきましては、意見においては（政府）当局と大なる相違があるように思います」と、中止勧告に強い不満を表している。第十四代東京市長永田秀次郎の発案以来、東京市にはつねにオリンピック招致運動の先頭に立ってきたという自負があるだけに、中塚は「無念やるかたなし」といった表情を浮かべていた。

だが、「縮小しても開催」という馬越の主張に対し、東京市長小橋一太は「今度（中止勧告）は物資の問題ではない。精神的に国民の総力を挙げて心から一致してやろう、それであるから、『オリンピック』に気を取られてはいかぬということもありますから……政府の見るところはそこにあるのであるから、もはやその点については最後の努力も不必要であろうと思います」と答えた。

小橋は厚相木戸幸一と会談後、「非常時局でなければ、政府の援助がなくても東京市だけの力でもオリンピックを開催したいが、国策とあればいかんともしがたい」と漏らしている。だから小橋は、物心両面のすべてを戦争遂行に集中するのが政府の方針である以上、たとえ「縮小開催」でもオリンピックが許可される可能性はないことを強調したのである。

中塚も「国策のためであるとすれば、これはやむを得ず取り止めなければならぬ」と述べ、東京市としては不承不承ながらも中止勧告の受け入れを決定した。

副島へ非難が集中

大会中止の承認にあたり、東京市オリンピック委員会は声明を発表した。後年、磯村英一が、地方自治体である東京市が政府に向かってこの程度の声明を出すことも、当時としてはかなりの勇気を必要としたことであろうと述懐したように、婉曲な表現ながら「政府批判」をにじませた文面である。

「……今卒然トシテ之（第十二回オリンピック大会）ヲ失フハ誠ニ感慨ニ堪ヘザル所ナリ。然共《しかれども》政府ニ於テ既ニ之ガ中止ヲ決定セラレタル以上、本委員会ノ意見ハ従来ト異ナル所ナキモ、コノ際潔ク多クノ理由ヲ抛擲《ほうてき》シテ国策ニ順応シ報国ノ誠ヲ致スベキヲ信ズ……吾人ハ近キ将来東亜ニ平和克服ノ期アルヲ信ジ、次期オリンピック大会ヲ東京市ニ誘致スベク万全ノ努力ヲ払ヒ……」

組織委員会も同日午後三時から緊急の第二十八回総会を開き、「国策ニ順応シ……第十二回オリンピック東京大会ヲＩＯＣニ返上スルコトヲ全会一致ニテ決議」し、ＩＯＣ会長バイエ＝ラトゥール伯とローザンヌのＩＯＣ本部に打電した。

この席で東京市オリンピック委員会の委員長中塚栄次郎は、政府の中止決定が唐突であったと批判するとともに、ＩＯＣ委員副島道正が、組織委関係者と相談せずに、独断で政府要人に「返上」を働きかけたことを激しく非難している。副島は、政府の中止決定が必要だった事情を説明し、ＩＯＣ委員を辞任すると述べたが、中塚に似た感情は強弱の差こそあれ総会出席者に共通のものだったらしく、組織委技術顧問ウェルナー・クリンゲベルグによると、総会の間中、副島の両側の席にはだれも座る委員がいなかったという。

岸元体協会長の霊前に大会返上を報告する下村組織委副会長（左）

札幌オリンピック実行委員会も札幌大会の中止を決定したが、それから五日後の七月二十一日、副島道正はＩＯＣ会長ラトゥールに書信をしたためている。

「日本中で最も評判の悪い男になる危険をおかして、私は政府が東京、札幌両オリンピック大会の中止を組織委員会に命じるよう働きかけました……組織委員会と報道陣はひどく憤慨していましたが、私は自分の取った行動を後悔していません。

なぜなら、日本の大会返上がさらに六ヵ月も遅れれば、どの国もオリンピックを開催できなくなるからです」

副島の隠密工作に非難の矢が集中したとはいえ、この中止決定は、海外諸国の東京大会ボイコットの動きや満州国参加問題に先手を打ち、アジア初のオリンピックが惨憺たる大会になることを回避したという意味で、むしろ適切な措置だったといっていいだろう。組織委技術顧問クリンゲベルグは、大会返上の顚末を記した七月十九日付ラトゥールあて書簡で、副島道正とは密接に連絡を取っていたと報告し、中止決定に果たした副島の役割を高く評価している。

「驚き、かつ失望した」

海外からは、IOC会長バイエ＝ラトゥールの「残念だが時宜を得た放棄だと思う。後日の開催を望む」という談話が伝えられ、東京に代わる一九四〇年オリンピック大会の開催地はヘルシンキと決定した。諸外国の新聞論調も、東京オリンピックの中止は賢明な選択とみるものが多かった。

七月十五日付『ニューヨーク・ヘラルド・トリビューン』はこう論評している。

「日本政府が東京オリンピックへの支持を撤回したのは、国内の緊縮政策と〝シナ事変〟はおそらく一九四〇年以降までつづき、そのために国民の体力と国家の資源が必要となるという考え、オリンピックにより日本国民の精神が国家主義を離れ、国際主義に向けられるだろうと危惧する軍部が大会開催に最初から反対したこと、などの理由によるものだが、この中止決定を世界各国は救われたような気持ちで歓迎するだろう。

世界のいわゆる文明国の感情を無視するような日本で、国際『スポーツマンシップ』の象徴ともいうべきオリンピック大会が開かれたとすれば、皮肉を感じざるを得ないだろう……」

同じ十五日付英紙『マンチェスター・ガーディアン』社説も、「東京オリンピックの中止は、大会への招待が英、米、フランス、スウェーデンなどから拒否された場合、日本が受ける屈辱を救ったものとも言える。もし各国の参加拒否にもかかわらず日本が大会開催を強行すれば、オリンピックの組織はおそらく破壊されたであろう。日本の決定は、オリンピックの組織と日本の威信とを救ったものである」と、辛辣な筆致ながら日本の中止決定を歓迎した。

だが、海外でも東京オリンピックの中止に不満の声がなかったわけではない。東京大会にエールを送りつづけてきた米国オリンピック委員会委員長アベリー・ブランデージは、不快感を隠そうともせずにこう語っている。

「これまで大小各国の反対を押し切って、誠意をもって東京を支持してきたが、日本が一言の相談もなく大会中止を決定したことに驚き、かつ失望した」

一方、一年前、組織委事務総長に就任して以来、東京オリンピックの実質的責任者として開催準備を進めてきた永井松三は、七月二十九日、各国のIOC委員とオリンピック委員会にあてた書面で、「当委員会は痛恨之に過ぎざれども、已むなく大会を返上致し候、此の間の事情御賢察相成度候」と、不本意ながら政府決定に従わざるを得なかった心情を吐露している。

政府の突然の中止決定に、永井は何としても割り切れない気持ちだったようで、組織委員会の緊急総会後、「危いとは思ってゐたもののこんなに早く決るとは思はなかったよ、可愛い児を亡くした、カイロ会議とその前後僕は海外の関係者に随分『嘘』をついて来た……その嘘もやがて本当に実現すると確信してゐたからなのだが、この期に及んで何《ど》の面提げてといふところだ」（『東京日日新聞』）と、ため息まじりに語っている。また永井の次男邦夫はそのころ、滅多に感情を面に出さぬ父松三が「こんなことをやっては駄目だ」と強い口調で悔しがっていたのを記憶している。

大会返上から約一ヵ月後の八月十三日、永井松三は駐アフガニスタン臨時代理大使桑原鶴《くわばらつる》にあててペンを走らせた。アフガニスタンは、桑原らの努力により東京オリンピックの聖火リレーに協力を約束してくれていたので、そのお礼を兼ねての手紙であった。

「……之迄九年間各位の御努力に依り現在迄培ひ来り、軈《やが》て東亜の空にオリンピックの火を点ずることも亦《また》国威を発揚し国外に我が国力を知悉《ちしつ》せしむる方策と信じ居しも今は水泡に帰し傷心不可禁候。然し現下の情勢に於ては是亦止むを得ざる次第ならん……我等は此の中止によって一切を断念せず、東亜に平和の暁雲が漂ふ折は再びオリンピックを東京に招致する希望に御座候」

のちにIOC委員となった永井松三は、戦後、敗戦国日本をオリンピックに復帰させるべく奔走しているが、その胸中には、準備途中で返上を余儀なくされた第十二回オリンピック東京大会への尽きぬ想いがいつも渦巻いていたのかもしれない。

5　空白の祝祭

メダル候補だった村社講平

第十二回オリンピック東京大会の返上は、組織委員会や東京市だけでなく、多くの人びとにさまざまな波紋を投げかけた。東京大会をめざしていた選手たちも例外ではない。

そのなかの一人を取り上げる。

選手の名前は村社講平《むらこそこうへい》。百六十二センチ、五十キロの小軀ながら、ベルリン・オリンピックの陸上長距離で巨漢のフィンランド勢を相手に手に汗にぎる熱戦を展開し、世界中に「ムラコソ」の名をとどろかせた男である。村社は、もし東京オリンピックが予定どおり開催されていたら、たぶん有力な上位入賞候補に挙げられていたはずであり、本人もベルリン大会の雪辱を期してメダル獲得を狙っていた。

オリンピックの名勝負は数多いが、村社講平が出場したベルリン大会の一万メートル決勝は、まさにオリンピック史に残る凄絶なレースであった。

陸上最初の決勝種目一万メートルには三十六人の選手が出場したが、村社は一周まわるころには早くもトップに立っていた。意識して先頭に出たわけではなく、いつものように自分のペースを守っていただけだが、気がつくといつのまにか他の選手の息づかいが背中越しに聞こえるようになっていた。その後もトップを走りつづけ、前半の五千メートルを一四分五九秒の快ピッチで通過する。優勝候補とみられていたサルミネン、アスコラ、イソホロのフィンランド勢は、ぴったりと村社の後方についてチャンスをうかがっていた。

　六千メートルを過ぎてからフィンランドの三選手がスピードを上げ、かわるがわるにトップを奪ったが、村社もすぐに抜き返す。長身のフィンランド選手に囲まれながら、一歩もひけをとらないレースぶりだ。正確なストライド、背筋を伸ばしたフォーム――孤独な村社は、悲壮感さえ漂わせながらひたすらゴールをめざす。スタンドの大観衆はわきかえり、ドイツ人の叫ぶ「ムラコソ、ムラコソ」「ヤパン、ヤパン」の声援が場内を圧した。

東京大会にメダルの夢をかけた村社講平（ベルリン大会1万メートル決勝）

　最後の一周の鐘を合図に、サルミネン、アスコラ、イソホロの三選手は猛然とスパートした。村社は次々に抜かれた。

　村社講平は三〇分二五秒〇のタイムで四位に終わったが、長身のフィンランド勢と互角にわたり合った姿は満場の賞嘆と感動を誘い、ドイツの新聞は「村社の四位は優勝にもまさる」と報じた。ベルリン・オリンピック組織委員会発行の公式報告書も、上巻の末尾にこの一万メートル決勝の各周ごとの記録写真を掲載し、「英雄的な闘い」という表現で村社の健闘を称えている。

村社講平は一九〇五（明治三十八）年、宮崎市赤江町で十三人兄弟の五男として生まれた。小学校卒業後、宮崎中学校に進み、最初はテニスに熱中したが、やがて陸上競技の魅力にとりつかれる。家が貧しかったため、宮崎中学校を卒業すると図書館員になり、長距離の練習に打ち込んだ。雨の日も風の日も走った。日南海岸を走る列車と競走したこともあり、近所の人びとは村社を「人間機関車」と呼んだ。

二十七歳のとき、ロサンゼルス大会の代表選手選考会での走力を買われて中央大学にスカウトされる。年を食った新入生村社講平は、競走部員たちから「おじさん」と呼ばれた。

一九三六年、念願のベルリン・オリンピック代表選手に選ばれた村社は、他の陸上選手とともに、ベルリン入りに先立ってヘルシンキで調整練習をする。競技場にはフィンランドの往年の長距離王パーボ・ヌルミがよく顔を見せていた。ある日、ヌルミは練習を終えた村社のふくらはぎを押さえて、「筋肉がとても柔らかい、ベリーグッド」と言い、「両腕の動きもよい」と褒めてくれた。「超人」と呼ばれた英雄ヌルミから賞賛されたことは、村社にとって大きな励みとなった。ベルリン大会での活躍はこのときに約束されたようなものである。

一万メートル決勝から五日後、村社は五千メートル決勝に出場したが、今度も同じようなレース展開となった。村社とフィンランドの三選手が激しく競り合い、村社は四位にとどまる。またもメダルに手の届かなかった村社は、グラウンドの片隅で涙を流した。泣きながら、眼はすでに四年後の東京オリンピックに向けられていた。

東京オリンピックが開催される一九四〇年には、村社は三十五歳になる。普通の選手ならとっくに峠を越えている年齢だ。だが、下積み生活が長く、三十歳近くになってから一線級の仲間入りをしただけに、あと四、五年は活躍できる自信があった。村社は以前にも増して練習に励み、競技会にも数多く出場した。ベルリン大会の一万メートル決勝が行われた一九三六年八月二日から翌三七年九月二十六日の全日本学生選手権までの十四ヵ月間に、村社が出場したレースはじつに五十七回にのぼっている。ほぼ一週間に一回の割合でレースに出ていたわけで、この間、休養らしい休養はほとんど取っていない。走ることが好きだったせいもあるが、それほどまでに村社は気持ちを高ぶらせ、東京オリンピックに向けてがむしゃらに突き進んでいた。

しかし、一九三七年七月七日に勃発した日中戦争は、猛練習と競技出場に明け暮れる村社にも微妙な影を落としはじめていた。村社の当時の日記にも戦争に関連した記述が増えている。

——七月二十八日。北支問題が急に亦やかましくなる、間断なく号外の売子が勇ましく市中を走り回る。

——十月六日。一日部屋の整理。洋服タンスと書棚そろふ、後は机のみ。但し事変にていつ出征するやも知れざる身……はじめて十日ぶり練習。

ハードスケジュールがたたって右足を痛めたため、目標の世界新記録樹立は実現しなかったが、一九三八年を迎えると再び調子が上向いてきた。

――一月一日（箱根仙石原）。明けて三十四の齢《よわい》を重ね……正午過ぎまで冬には珍しくも土砂降り、箱根は真白くなる……右足の痛みも全くとれ愈々本年こそは先づ一万米に昨年以上の記録目指しすすまん。

だが陸相杉山元の議会答弁をきっかけに、あらためて「オリンピック中止」が取り沙汰されるようになり、ひたすら東京大会をめざす村社の心は動揺した。

――三月七日。夜のニュースにて亦々オリンピック中止論、議会の問題となる。面白くなし、小さい日本の姿が目の前に見へる。

――三月十一日。起床七時、神宮外苑から権田原の坂を練習、両足共疲かる。四時より練習五十分余り道路を走る、未だ練習不足、両足とも重く猛練習にうつらねばならぬ……愈々東京大会目指し本気に頑張らねばならない。

――三月十五日。オリムピックも何んだか蔭薄し、軍国時代の今はよいとして、果してその頃国民の大半は必ず失望するにちがひない。

――三月十六日。今朝の新聞ではオリムピックの雲行き益々悲観すべき状勢、併し思い切り練習。正午、銀座朝日の電光ニュースにて一九四〇年オリムピックは正式に東京と決定（ＩＯＣカイロ総会での東京開催承認を指す）、俄然うれしくなる。まあよかったと何となく胸ワクワクだった。

しかし、事態は急速に悪化していた。村社は都城《みやこのじょう》（宮崎）の歩兵第二十三連隊に一時入隊し、六月二十日に退営、帰京したが、行きつけの青山の靴店にスパイクの修理を依頼したところ、すでにスパイクの製造が中止されていることを知り、愕然とする。

東京オリンピックの返上決定は退営から約一ヵ月後のことだが、そのころの村社の日記には、なぜかそれに関する記述が見当たらない。故郷宮崎に帰り、講演やロードの練習をしたことが書き留めてあるだけである。

大会返上の一年九ヵ月前、一九三六年十月、母国日本での初のオリンピックに胸をふくらませていた村社講平は、ベルリンから帰国する途中こんな手記をしたためていたが、その決意はついに実を結ばなかった。

「来る可き第十二回東京オリムピック大会は、是非共伯林（ベルリン）大会以上諸般の設備に於て完全にその成果を挙げさせたい。それはスポーツ関係者が各自の義務を果す以外にない……伝統を誇る芬蘭（フィンランド）の長距離陣は今度は祖国へ押し寄せるのだ……四年後の大会に彼等と四つに取組まんためには、従来のコセコセした消極的戦法を捨てて飽まで積極的な猛レースに耐へて来る選手と共に、彼等に突進して行く外はない。奮闘又四年それも覚悟の前だ」

むろん、東京大会でメダルをめざしていた日本選手は村社講平だけではない。ロサンゼルス、ベルリン両大会の棒高跳びの銀メダリスト西田修平は、一九四〇年に東京オリンピックが開催されていたら、陸上の跳躍四種目（走り幅跳び、走り高跳び、三段跳び、棒高跳び）だけでも六〜七本の日の丸があがる可能性があったと予想している。世界最高の水準にあった男子競泳は、それ以上の好成績が期待されていた。

メダル獲得の夢が消えた選手のうち、ベルリン大会棒高跳び三位で東京オリンピックの優勝候補と目されていた大江季雄らは戦場に赴き、二度と帰らなかった。日本オリンピック委員会の調べによると、オリンピックに出場した日本選手中、戦没者は陸上八人、水泳（飛び込み、水球を含む）十三人、サッカー四人、ホッケー三人、ボート二人など合計三十四人にのぼる。

テレビ研究者たち

高柳健次郎らテレビ開発スタッフも、東京オリンピックの中止で最大の目標を喪失する。だが、テレビの研究そのものは続行された。将来にそなえての研究は絶対に必要、と高柳が軍部や政府を説得し、研究開発用のテレビ実験局だけは存続が認められたからである。

大会中止から十ヵ月後の一九三九（昭和十四）年五月十三日、日本最初の無線によるテレビ実験放送が行われ、東京世田谷の日本放送協会技術研究所から発射されたテレビ電波は、十三キロ離れた内幸町の放送会館で受信に成功した。一九四〇年四月には、わが国初のテレビドラマも制作、放送されている。

しかし、高柳らの努力も長くは続かなかった。太平洋戦争の開始でテレビの実験放送は全面的に中止となり、以後、研究スタッフはレーダーなど電波兵器の開発に従事させられた。大戦突入で日本のテレビ実用化は大幅に遅延し、実際にテレビの本放送がスタートしたのは一九五三（昭和二十八）年である。

再招致をめぐって

東京市オリンピック委員会では、東京大会の返上後、次のオリンピックを招致できるかどうかの議論が蒸し返されていた。じつは東京市オリンピック委員会が政府の中止勧告を受けて緊急会議を開いたとき、副委員長桑原信助はこんな発言をしていたのである。

「（今回は）やむにやまれぬ事情のもとに涙を呑んで（大会を）一時見合わせるのである。そういたしましたならば、来るべき日本の年号で申したならば昭和十九年、二十三年、西暦で申しましたならば、四十四年、四十八年、これに向かってなおかつわれわれは進むべきが道であると思う。当然の経路であると思う」

委員長中塚栄次郎も、東京市に植えつけられた「オリンピック精神」は今後も継承されると強調した。これを受けて、第十二回大会の中止承認にあたり委員会が発表した声明は、前述のように「次期オリンピック大会ヲ東京市ニ誘致スベク万全ノ努力ヲ払」う意思を表明したのである。

第十二回大会の返上から一週間後、七月二十三日、東京市オリンピック委員会は、「近き将来に於いて必ず我国に（オリンピックを）誘致する機会のあることは明白であり……故に本会の真使命の完了までは従前通り存続する」ことを決定した。「真使命」とは、もちろんオリンピックを東京で開くことである。東京市の理事者側もオリンピック再招致を熱望していた。

だが、東京市当局や東京市オリンピック委員会の熱意とは反比例する形で、日中戦争の長期化はオリンピックに対する人びとの認識を変化させていた。

東京市会では、七月二十八日、高久清一がオリンピック委員会の解消を要求し、浅沼稲次郎《あさぬまいねじろう》も、オリンピック再招致は市会全体の意向を聴取してから決定すべきで、単にオリンピック委員会のみで即決することはできないと、再招致反対を表明した。十月二十日の昭和十一年度東京市各経済歳入出決算報告調査委員会では、鈴木堅次郎が「四囲の情勢から考えて奇麗さっぱりとこの辺でオリンピックは諦めなければならぬという考えを持っております……オリンピックをするなら世界中の人を招くだけの力が出来てからおやりなさい」と述べ、戦争目的の達成のために当面はオリンピックの再招致を断念すべきだと強調した。

十月二十七日に開かれた同委員会の席上、東京市の理事者側を代表して紀元二千六百年記念事業部総務課長磯村英一は、「将来ニ対スル大東京ノ文化的使命ヲ闡明《せんめい》致ス其ノ一ツノ意思」として、オリンピック再招致を考慮していると答弁したが、これに対し浅沼稲次郎は、日中戦争の進展で世界文化は再編成されようとしている、したがって「文化的事業」といった観念だけではオリンピックに意義を見出すことはできないと、新しい文化論の構築を説く立場から大会再招致の中止を要求している。

一九三九年にもオリンピック再招致をめぐる東京市会の論議は続いている。

幻のオリンピックの経緯を記した東京市の報告書

二月十六日の市会で畔高定行は、「政府の足らない外交を補足する……国民外交の一端として」東京市がオリンピックへの取り組みを強化するように要求し、同月二十七日の第十六号外四十三議案調査委員会では、川口寿が「(戦争は)長期と申しましてもここ数年の間ではないかと思うのであります」と述べて、再招致についての市長の見解をただしている。

東京市長小橋一太は、「出来るだけ努力して近い将来、日本の事情の許す範囲においてこちらに招致することに努力したい」と答え、さらに三月七日の同委員会では、一九四四年か四八年にはオリンピックを再招致したいという希望を表明した。

この市長発言に対し、東京市オリンピック委員会委員長中塚栄次郎は、戦争継続中の混沌とした現状では一九四四年、四八年の東京開催は不可能であり、大切なことは情勢が好転したときにオリンピックを再招致できる態勢を整備しておくことだ、と反論する。そして、第十二回大会の反省から、今後オリンピックの招致、開催にあたっては東京市の意向が十分反映できるように、日本のＩＯＣ委員の補充、強化を推進し、さらに再招致運動の開始前に競技場を建設すべきだと主張した。

だが、第十二回東京大会の返上当時、小橋や中塚らが米国の新聞論調を知っていたら、戦争継続中はおろか、平和の回復により「情勢が好転」しても、オリンピックの東京再招致は容易でないと痛感したかもしれない。なぜなら、在ニューヨーク総領事若杉要は一九三八年七月十五日、日本の東京大会返上のニュースに関連して、「(米国の新聞各紙は) 何レモ社説ヲ以テ……将来再ヒ日本カ文化的、平和的国家トシテ認メラルルニ至ラサル以上ハ再ヒ (オリンピック) 開催国トナレルコト難カルヘシ、トノ趣旨ヲ論評シ居レリ」と、外務省に公電を発していたからである。

一九三九年になると、国内外の情勢はいっそう切迫の度を加え、東京市会を除くと、「もう一度オリンピックを東京へ」の声はかき消されがちになっていた。

新年早々の一月四日、近衛内閣は日独伊三国軍事同盟締結をめぐる閣内不統一のため総辞職。ドイツは三月にチェコスロバキアを併合後、ポーランド侵略を企図し、ヨーロッパは一触即発の危機を迎える。五月から八月にかけてはノモンハン事件が発生し、火力と機動力にすぐれたソ連軍の攻勢で関東軍は大敗を喫する。

九月一日、ドイツ軍はポーランド侵攻を開始し、第二次世界大戦の火蓋が切られた。もはやオリンピックどころではなかった。

十一月十六日。東京市会では東京市オリンピック委員会の廃止を求める緊急動議が提出された。議場からは「異議ナシ」と叫ぶ声だけが響き、動議はあっけなく可決される。八年前の一九三一年十月二十八日、東京市会が満場一致でオリンピック大会開催建議案を可決したときの、あの熱気と興奮はもうどこにも存在しなかった。

翌年、一九四〇年四月二十三日。東京から開催地を引き継いでいたヘルシンキは、第十二回オリンピック大会の放棄を正式に宣言し、この大会はついに幻と化した。

古代ギリシャにおけるオリンピアの競技は、神々への「祝祭」として行われたが、それにならって言えば、近代オリンピックの第十二回大会は「空白の祝祭」とでもいうべきものであった。

戦後、焦土から復興した東京でアジア初のオリンピックが開催されたのは、第十二回大会を返上した一九三八年から数えて二十六年後、一九六四（昭和三十九）年のことである。

学術文庫版のあとがき

一九六〇年に引退した一隻の貨客船が、横浜港の一角、山下公園のほとりに係留され、横浜の観光スポットのひとつになっている。全長百六十三メートル、総トン数約一万二千トン。スラリとした優美な船型だ。船の名前は「氷川《ひかわ》丸」。戦前は北米シアトル航路の豪華客船として人気を集め、秩父宮ご夫妻や喜劇俳優チャールズ・チャップリンらも乗船した。

一九三八年五月四日、バンクーバーから横浜へ向け北太平洋を航行していた同船で、一等船客の一人が息を引き取った。講道館柔道の創始者で、オリンピックの東京開催に尽力した日本人最初のIOC(国際オリンピック委員会)委員、嘉納治五郎である。七十七年の生涯だった。

この氷川丸には、外交官の平沢和重(のちNHK解説委員)がたまたま乗り合わせていて、病気の嘉納を気遣い、最期を看取った。平沢は戦後、一九六四年のオリンピック開催都市を選出するIOCミュンヘン総会(一九五九年)で、怪我のため出席できなくなった日本のプレゼンテーション担当者のピンチヒッターを務め、巧みな招致演説で東京を勝利に導く。奇縁、というべきだろう。

近代オリンピックの百年余の歴史は、そのかなりの部分が政治との闘いの歴史でもある。一九四〇年の東京オリンピックも政治に翻弄された大会だった。世界大戦で中止になった事例はあるが、夏季オリンピックの開催都市が自発的に大会を返上したのは第十二回東京大会以外にはない。それだけにこの大会は、招致の発意から返上に至るまでの過程で、しばしば意想外かつ劇的な展開をみせている。

そのなかで特に興味を引かれるのは、二人のIOC委員、嘉納治五郎と副島道正の言動がきわだって対照的だったことである。

副島道正については五男種典《たねのり》が「父は……実際にナチスの国にいって、ヒトラーの宣伝の具にされたベルリン・オリンピックを見て、ヒトラー嫌いの度が募ったのか、『東京オリンピックは、ベルリン大会のようにはしたくない』といっていた」と追想している。

しかし、東京オリンピックは、準備の初期段階から大会の成否を左右するような難題が次々に噴出した。危機感を抱いた副島は、開催か中止かで悩み抜いた末、ついに大会の中止・返上へと動く。

一方、嘉納治五郎は、東京オリンピックの開催に最後まで執念を燃やした。日中戦争が終息しなくても大会の開催は可能、と嘉納が考えていたかどうかはわからない。だが、この老IOC委員は、東京オリンピックを自身が関係する最終かつ最大のイベントと捉え、軍部を説得するなどあらゆる手段を講じて、何とか大会開催にこぎ着けたいと決意していたのではないだろうか。

その嘉納と親交のあったのが、米国スポーツ界の大立者アベリー・ブランデージである。厳格なアマチュアリズムの信奉者だったブランデージは、同時に「スポーツと政治は別」との信念をかたくなに守り通した。それゆえに、軍靴の音が高まっていた日本でのオリンピック開催にも異を唱えなかったのだ。

私は一九七二年の札幌冬季オリンピックの際、ブランデージにインタビューしたことがあるが、穏やかな表情のなかにも意志の強さを感じさせる鋭い眼光が印象的だった。米国内で「反東京大会」の空気が支配的になった後も、ブランデージは彼なりの信念と強い意志で、苦闘する嘉納を支持し続けた。IOCカイロ総会を終えた嘉納は、シカゴでブランデージに会って謝意を表し、氷川丸で帰国の途中、急逝する。東京大会の返上は、それから間もなくのことであった。

——幻と化した東京オリンピックは、しかし、二十六年後に復活を果たす。

一九六四年十月十日、第十八回オリンピック東京大会は、秋晴れの青空のもとで開会式が行われ、第五代IOC会長に就任していたアベリー・ブランデージが開会演説をした。

「オリンピック運動は、いまや七つの海を結びつけ、オリンピック大会は全世界のものである証左として、ついにここ東洋で行われようとしている。IOCは、この行事を、全世界の平和を愛好する若人の喜びの祭典として、皆さまにささげる」

推測だが、ブランデージの演説には、アジア初のオリンピックの開催に情熱を傾けた嘉納治五郎への懐旧の情が、なにがなし言外に込められていたような気がしてならない。

嘉納の他界から十年後の一九四八年、副島道正は七十六歳で死去した。

東京大会の返上に動いて非難を浴びた副島だが、海外では大会中止を評価する声が高かった。日中戦争が終結していればともかく、戦時下に大会を実施していたら、どうなっていたか。米国は実力者ブランデージらがどう判断するかにかかっていただろうが、ヨーロッパ諸国などは不参加のおそれが濃厚だった。旧ソ連のアフガニスタン軍事侵攻に抗議して、米国や日本などがボイコットした第二十二回モスクワ大会（一九八〇年）の時と同様、あるいはそれ以上に参加を取りやめる国が続出していてもおかしくなかった。そうなると開催国日本の面目は失墜し、大会の成立そのものも危うくなる。副島の動向は、その危機を救う一因になったと言ってもいい。

本書の原本は、ＮＨＫブックスとして刊行されたが、これまでに読者からは「日中停戦が実現して第十二回大会が東京で開催され、大勢の外国人が来日していたら、内向き志向の日本人の考え方も変わり、日本の軍国主義化にも一定の歯止めがかかっていたのではないか」などの意見が寄せられた。〝世界平和〟を理念とするオリンピックが戦前に東京で開催されていたら、それは東洋の島国・日本に少なからぬ影響を与え、その後の日本の針路に何らかの変化が生まれていたかもしれない。

そして戦後——

東京は第十八回大会に続き、二〇一三年九月のＩＯＣブエノスアイレス総会で、二〇二〇年夏季オリンピック・パラリンピックの開催都市に決定した。五十六年ぶりの夏季大会である。東日本大震災からの本格復興、原発事故や放射能汚染水の処理など困難な問題を抱える日本が、はたしてどんなオリンピックを開催するのか。世界中の目がそそがれることになる。

文庫化にあたっては、講談社の学術図書第一出版部、梶慎一郎氏にいろいろとお世話になった。厚くお礼を申し上げる。

本文中では敬称は省略させていただいた。引用にあたっては読みやすさを考慮し、仮名遣いを改めたり、漢字を平仮名にした部分もある。引用文中の明らかな誤字は訂した。

二〇一三年十一月

橋本一夫

主要参考・引用文献（順不同）

「第十二回オリンピック東京大会東京市報告書」東京市　一九三九年
「第十二回オリンピック東京大会組織委員会報告書」第十二回オリンピック東京大会組織委員会　一九三九年
「大日本体育協会史（上巻）」大日本体育協会　一九三六年
「大日本体育協会史・補遺」大日本体育協会　一九八三年（復刻版）
「日本体育協会五十年史」日本体育協会　一九六三年
「第十回オリムピック大会報告書」大日本体育協会　一九三三年
「第十一回オリンピック大会報告書」大日本体育協会　一九三七年
「第十八回オリンピック競技大会東京都報告書」東京都　一九六五年
「オリンピック事典」日本オリンピック・アカデミー編　プレス　ギムナスチカ　一九八一年
「永田青嵐と東京」永田秀次郎氏記念句碑建設会　一九五二年
「高所より観る」永田秀次郎　実業之日本社　一九三〇年
「東京は燃えたか」塩田潮　講談社　一九八八年
「山本忠興伝」山本忠興博士伝記刊行会　一九五三年
「21世紀への遺言」織田幹雄　ベースボール・マガジン社　一九七五年
「日本学生陸上競技連合四十年史」日本学生陸上競技連合　一九六九年
「岸清一伝」伊東和三郎編　岸同門会　一九三九年
「ヒトラーの戦い」児島襄　文藝春秋　一九九二―九三年
「ヒトラーへの聖火」ダフ・ハート・デイヴィス／岸本完司訳　東京書籍　一九八八年

「ナチ・オリンピック」リチャード・マンデル／田島直人訳　ベースボール・マガジン社　一九七六年
「わが闘争」アドルフ・ヒトラー／平野一郎、将積茂訳　角川書店　一九七三年
「杉村陽太郎の追憶」杉村陽一編　一九四〇年
「オリンピック史」鈴木良徳、川本信正　日本出版協同　一九五二年
「昭和時代年表」中村政則　岩波書店　一九八六年
「昭和史年表」神田文人編　小学館　一九八六年
「証言の昭和史3・紀元は二六〇〇年――幻の東京オリンピック」川本信正　学習研究社　一九八三年
「オリムピックを東京へ」寺部頼助　市政講究会　一九三四年
「東京百年史・第四巻――大都市への成長」「東京百年史・第五巻――復興から壊滅への東京」東京百年史編集委員会編　東京都　一九七二年
「戦間期の日本外交」入江昭、有賀貞編所収「一九四〇年〝東京オリンピック〟――招致から返上まで――」池井優　東京大学出版会　一九八四年
「ムッソリーニ」ローラ・フェルミ／柴田敏夫訳　紀伊国屋書店　一九六七年
「スポーツの現代史」川本信正　大修館書店　一九七六年
「幻のオリンピック」川成洋　筑摩書房　一九九二年
「近代オリンピックの遺産」アベリー・ブランデージ／宮川毅訳　ベースボール・マガジン社　一九七四年
「私の昭和史」磯村英一　中央法規出版　一九八五年
「コーチ50年」岡部平太　大修館書店　一九六〇年

「スポーツ生活六十年」平沼亮三　慶応出版社　一九四九年
「わが人生一直線」吉岡隆徳　日本経済新聞社　一九七九年
「テレビ事始――イの字が映った日」高柳健次郎　有斐閣　一九八六年
「テレビ仕掛人たちの興亡」田原総一朗　講談社　一九九〇年
「欲望のメディア」猪瀬直樹　小学館　一九九〇年
「かくて映像はとらえられた」青木貞伸　世界思想社　一九七六年
「昭和史（一）」中村隆英　東洋経済新報社　一九九三年
「昭和史［新版］」遠山茂樹、今井清一、藤原彰　岩波書店　一九五九年
「日中戦争」臼井勝美　中央公論社　一九六七年
「近衛内閣」風見章　中央公論社　一九八二年
「嘉納治五郎」嘉納先生伝記編纂会編　講道館　一九六四年
「嘉納治五郎」加藤仁平　逍遙書院　一九六四年
「和して同ぜず」副島種典追悼集刊行委員会編　光陽出版社　一九九一年
「郷隆」郷隆追想録編集委員会編　一九七五年
「現代史資料（四十）・マス・メディア統制（一）」内川芳美編　みすず書房　一九七三年
「日本放送史」日本放送協会　一九五一年
「訪欧手帖」鈴木良徳　成美堂書店　一九三八年
「さらば麗しきウィンブルドン」深田祐介　文藝春秋　一九八五年
「ヘディン伝」金子民雄　新人物往来社　一九八〇年
「国家総動員史（上巻）」石川準吉　国家総動員史刊行会　一九八三年
「国家総動員史（資料編第一）」石川準吉　国家総動員史刊行会　一九七五年

「風樹の年輪」永井威三郎　俳句研究社　一九六八年
「木戸幸一日記」木戸日記研究会校訂　東京大学出版会　一九六六年
「日章旗とマラソン」鎌田忠良　講談社　一九八八年
「長距離を走りつづけて」村社講平　ベースボール・マガジン社　一九七六年
「日本大百科全書」相賀徹夫編　小学館　一九八四年〜一九八八年
「日本人名大事典（現代）」下中邦彦編　平凡社　一九七九年
「紀元二千六百年のオリンピック」鈴木明〈文藝春秋〉一九八〇年四月号
「オリンピック招致運動の終始」海戸岸哉〈話〉一九三六年九月号
「日本とオリンピック」駒場太郎〈新青年〉一九三六年三月号
「オリムピック座談会」〈新装〉一九三六年九月号
「満洲国の極東大会参加問題・体協の弱腰」岡部平太、「同・日比支の円卓会議推移」根岸松兵衛〈文藝春秋〉一九三四年五月号
「極東大会の紛擾・私はこれまで努力した」山本忠興、「同・体協の言ひ分は真摯」鈴木良徳、「同・日本体協の責任」根本博〈文藝春秋〉一九三四年六月号
「レニ・リーフェンシュタールの世界」池内紀〈ＣＲＥＡ〉一九九一年十二月号
「ヒトラーと幻の東京五輪」深田祐介〈別冊文藝春秋〉一九八八年十月号
「ラツール伯と東京大会問題」鷺田成男〈改造〉一九三六年五月号
「ラツール伯の疑念」浅野均一〈文藝春秋〉一九三六年六月号
「オリンピック招致内幕話」楠本寛〈文藝春秋〉一九三六年九月号
「オリンピック招致の功罪」戸坂潤〈エコノミスト〉一九三六年九月十一日号
「国際スポーツの明朗と不明朗」山川均〈文藝春秋〉一九三六年九月号

「ナチス・オリンピック」沢木耕太郎〈文藝春秋〉一九七六年八月号
「体協不統制の真相を公表す」本山五郎、「体協改組問題批判」川本信正〈セルパン〉一九三六年十二月号
「失われた東京オリンピック」鷺田成男〈文藝春秋〉一九五二年八月号
「体協幹部の総辞職に就いて」浅野均一〈文藝春秋〉一九三六年十二月号
「派遣選手団の醜状」本間一郎〈文藝春秋〉一九三六年十二月号
「東京オリムピック縦横座談会」〈中央公論〉一九三六年十二月号
「国際オリムピックの本質」新居格〈日本評論〉一九三六年九月号
「聖火リレーに対する注文」日本陸上競技連盟編〈陸上日本〉一九三七年七〜八月号
「東京オリンピックへの道」〈週刊朝日〉一九六四年九月二十日号
「東京オリムピックに警告す」鷺田成男〈中央公論〉一九三七年七月号
「オリムピックの危機」秋山慶幸〈改造〉一九三七年十月号
「カイロ会議に使して」永井松三〈改造〉一九三八年六月号
「伯林遠征記」村社講平〈中央公論〉一九三六年十一月号
「外務省文書」（外務省外交史料館、国立国会図書館蔵）
「東京市公報」「東京市会議事速記録」「東京市オリンピック委員会議事速記録」
「第七十回帝国議会衆議院予算委員会議録」「第七十二回帝国議会衆議院予算委員会議録」「第七十三回帝国議会衆議院国家総動員法案委員会議録」
「アスレチックス」「オリン（ム）ピック」（大日本体育協会発行）
「東京オリンピック組織委員会公報」「Olympic News」（組織委員会発行）

「第十二回オリンピック東京大会研究序説――その招致から返上まで――（一）～（三）」中村哲夫　三重大学教育学部研究紀要　一九八五年～一九九三年
「第十二回オリンピック東京大会返上と東京市」中村哲夫　岸野雄三教授退官記念論集　一九八二年
「第十二回オリンピック東京大会の中止をめぐる諸外国の反応について：外務省外交史料館文書の分析を通して」田原淳子　体育学研究　一九九三年
「第十二回オリンピック東京大会の中止過程における副島道正の役割」田原淳子、木村吉次　日本体育学会　一九九一年
「Das Scheitern der Olympischen Spiele von 1940」Hajo Bernett 1980
「Die Aufgegebenen Olympischen Spiele in Tokio 1940」Kunihiko Karaki 1982
　東京朝日新聞、東京日日新聞、読売新聞、時事新報、ニューヨーク・タイムズほか

資料（写真）提供
川本信正／岸本健／佐野雅之／清水照男／副島台子／田原淳子／土肥冬男／永井邦夫／中村哲夫／深川長郎／松本彌太郎／村社講平
IOCオリンピック博物館／IOC本部／講道館／秩父宮記念スポーツ図書館／秩父宮記念スポーツ博物館／日本オリンピック委員会／日本体育協会／民和スポーツ文庫／NHK放送博物館／国立国会図書館
Deutsche Sporthochschule Köln

本書の原本は、一九九四年に日本放送出版協会より刊行されました。

橋本一夫（はしもと　かずお）

1932年鳥取県生まれ。早稲田大学第一文学部卒業。元NHK記者。オリンピックを中心としたスポーツの取材，報道を担当し，現在，スポーツ史研究家。著書に『日本スポーツ放送史』『明治生まれの「親分」アナウンサー―山本照とその時代』，共著に『最新スポーツ大事典』などがある。

講談社学術文庫

定価はカバーに表示してあります。

幻《まぼろし》の東京《とうきょう》オリンピック
1940年大会《ねんたいかい》　招致《しょうち》から返上《へんじょう》まで

橋本一夫《はしもとかずお》

2014年１月10日　第１刷発行
2020年１月20日　第３刷発行

発行者　渡瀬昌彦
発行所　株式会社講談社
東京都文京区音羽 2-12-21 〒112-8001
電話　編集（03）5395-3512
販売（03）5395-4415
業務（03）5395-3615
装　幀　蟹江征治
印　刷　株式会社廣済堂
製　本　株式会社国宝社
本文データ制作　講談社デジタル製作

ISBN978-4-06-292213-5

「講談社学術文庫」の刊行に当たって

これは、学術をポケットに入れることをモットーとして生まれた文庫である。学術は少年の心を養い、成年の心を満たす。その学術がポケットにはいる形で、万人のものになることは、生涯教育をうたう現代の理想である。

こうした考え方は、学術を巨大な城のように見る世間の常識に反するかもしれない。また、一部の人たちからは、学術の権威をおとすものと非難されるかもしれない。しかし、それはいずれも学術の新しい在り方を解しないものといわざるをえない。

学術は、まず魔術への挑戦から始まった。やがて、いわゆる常識をつぎつぎに改めていった。学術の権威は、幾百年、幾千年にわたる、苦しい戦いの成果である。こうしてきずきあげられた城が、一見して近づきがたいものにうつるのは、そのためである。しかし、学術の権威を、その形の上だけで判断してはならない。その生成のあとをかえりみれば、その根は常に人々の生活の中にあった。学術が大きな力たりうるのはそのためであって、生活をはなれた学術は、どこにもない。

開かれた社会といわれる現代にとって、これはまったく自明である。生活と学術との間に、もし距離があるとすれば、何をおいてもこれを埋めねばならない。もしこの距離が形の上の迷信からきているとすれば、その迷信をうち破らねばならぬ。

学術文庫は、内外の迷信を打破し、学術のために新しい天地をひらく意図をもって生まれた。文庫という小さい形と、学術という壮大な城とが、完全に両立するためには、なおいくらかの時を必要とするであろう。しかし、学術をポケットにした社会が、人間の生活にとってより豊かな社会であることは、たしかである。そうした社会の実現のために、文庫の世界に新しいジャンルを加えることができれば幸いである。

一九七六年六月

野間省一